KB057515

미국 영어 문화 수업-심화편

미국 영어 문화 수업 - 심화편

초판 1쇄 인쇄 2020년 11월 11일
초판 1쇄 발행 2020년 11월 23일

지은이. 김아영
발행인. 박효상
편집장. 김현
기획·편집. 김준하, 김설아
디자인. 이연진
마케팅. 이태호, 이전희
관리. 김태옥

종이. 월드페이퍼 | 인쇄·제본. 현문자현 | 출판등록. 제10-1835호
펴낸 곳. 사람IN | 주소. 04034 서울시 마포구 양화로11길 14-10(서교동) 3F
전화. 02) 338-3555(代) | 팩스. 02) 338-3545 | E-mail. saramin@netsgo.com
Website www.saramin.com

책값은 뒤표지에 있습니다.
파본은 바꾸어 드립니다.

ⓒ 김아영 2020

ISBN 978-89-6049-870-9 13740

플로리다 아 선생의

미국 문화 영어 수업

심화편

김아영 지음

사람in
saram
in.com

프롤로그:

『미국 영어 회화 문법』 시리즈와 『미국 보통 사람들의 지금 영어』 시리즈가 기대 이상으로 성공적이었음에도 불구하고, 『미국 영어 문화 수업』의 출간은 내게 커다란 모험이었다. 그 전까지 출간했던 책들이 모두 순수하게 영어 학습서였던 것에 반해, 이 책은 나의 첫 번째 에세이집이었기 때문이다. 다시 말해, 이전 책들과는 그저 결이 다른 정도가 아니라 아예 장르가 다른 책이었다.

그럼에도 불구하고 『미국 영어 문화 수업』은 내가 예상했던 것보다 훨씬 더 빨리 인문 분야와 외국어 분야 베스트셀러 순위에 올랐다. 게다가, 고맙게도 이 책에 과분할 정도로 좋은 리뷰를 써 주셨던 수많은 독자 분들 덕분에 이렇게 『미국 영어 문화 수업-심화편』까지 출간할 수 있게 되었다. 이 모든 것들이 내게는 그저 감사할 일이다.

『미국 영어 문화 수업-심화편』을 집필하게 된 동기는 이전 책에서 누차 강조했듯이, 외국어를 제대로 습득하기 위해서는 문화에 대한 이해가 필수라고 생각하기 때문이다. 굳이 북미행 비행기를 타지 않더라도 국내 여기저기서 미국인이나 캐나다인을 쉽게 만나고 그들과 영어로 대화하며 살아가고 있는 지금 시대에는 더욱 그럴 것이다.

외국어/문화 교육학 분야에는 다른 문화권 사람들과도 능숙하게 소통할 수 있는 능력Intercultural Competence 이라는 용어가 있다. 이는 다른 문화권 사람을 대하는 상황에서 행동과 매너, 그리고 화법을 상대에게 적절하게 맞춰 줄 줄 아는 기술을 모두 포함하는 개념이다. 이것이 지금 같은 글로벌 시대에 외국어 실력과 더불어 반드시 갖춰야 할 능력이라고 생각한다. 이 Intercultural Competence 없이는 아무리 영어를 잘해도 미국인들에게 오해를 사는 일이 생길 수밖에 없기 때문이다.

그런 연유에서 이 책은 미국 영어와 미국 문화의 상관관계를 주로 다루고 있다. 그러니 독자 분들이 재미있게 읽으면서 진정한 영어 실력을 갖추기 위한 필수 요소인 Intercultural Competence까지 함께 업그레이드하게 되길 희망한다.

플로리다에서
저자 김아영

목차 :

목차 :

2부 미국 문화를 알면 영어가 들린다

3부   외국어 교육학 이론으로 알아보는 영리한 영어 공부법

4부 사회 문화적 측면에서 본 미국의 모습들

일러두기

-도서명은 『 』로 표기했습니다.
-잡지명, 칼럼, 작품 속 단편은 「 」로 표기했습니다.
-영화, 노래, 드라마, 프로그램명은 〈 〉로 표기했습니다.

이 책을
평생을 가족들을 위해 헌신하신
내 어머니에게 바칩니다.

1부

미국인들이 말하는 방식

미국 영어의 일상회화 속 구어체 스타일Colloquial Style

_네이티브라고 문법대로만 말하지 않는다

아선생의 『미국 영어 문화 수업』을 읽은 어느 독자 분이 출판사를 통해 다음과 같이 질문을 보내왔다.

117페이지 6째 줄에 "Don't yes-ma'am me."라는 문장이 있는데, 얼핏 이 문장이 이해가 안 가서요. 제 생각엔 "Don't say yes-ma'am to me." 또는 "Don't yes-ma'am to me." 아니면, 적어도 "Don't yes-ma'am at me."가 되어야 할 것 같아서요.

『미국 영어 문화 수업』이 문법을 다룬 책은 아니지만, 이와 비슷한 질문을 플로리다 주립대에 다니는 어느 유학생에게도 받은 적이 있기에 한번 다뤄야겠다는 생각은 들었다. 이 문장 Don't yes-ma'am me 나한테 yes-ma'am이라고 좀 하지 말아요.는 그 자체가 규범문법 Prescriptive Grammar 의 관점에서 보면 문법적으로 정확한 문장이라고 보기 어렵기 때문에 이를 문법적으로 분석해서 따지는 경우가 미국에서는 거의 없다. 그럼에도 불구하고, 아선생의 책을 사 주신 고마운 독자께서 하신 질문이니, 이번 기회에 한번 제대로 파헤쳐 보도록 하자.

Don't yes-ma'am me.는 "Yes, ma'am."이라는 표현을 타

동사화해서 쓴 문장이다. 그러니까 뒤에 목적어가 바로 온다는 말이다. 이렇게 미국인들은 이런 문맥에서 yes-ma'am을 동사로 활용할 때 언제나 타동사처럼 사용하기 때문에 이를 자동사화해서 전치사를 함께 쓴 "Don't yes-ma'am to me."와 "Don't yes-ma'am at me."는 모두 굉장히 어색하게 들리는 문장이다. 이런 문맥에서는 미국인들이 yes-ma'am을 자동사로 안 쓰기 때문이다. 여기서 yes-ma'am을 왜 자동사로 쓰면 안 되고 꼭 타동사로만 써야 하냐고 물으신다면, 송구스럽게도 드릴 말씀이 없다. 문법적으로 답이 없는 질문이기 때문이다. 언급했듯이, 이 문장은 애초에 제대로 문법성을 갖추어서 탄생한 문장이 아니라는 것이 그 이유다. 그저 미국 영어의 구어체 일상회화 스타일Colloquial Style이 그렇다라는 대답밖에는 드릴 수가 없다. 그렇다면 도대체 왜 이 문장의 문법성을 따지는 것이 문법적으로 큰 의미가 없는지 여전히 이해가 안 되는 분들을 위해서 아선생이 우리말에서 비슷한 사례를 찾아드리겠다.

전 세계를 공포로 몰아넣은 코로나바이러스. 중국 우한에서 시작하여 세계 보건 기구WHO에서 팬데믹을 선포하여 너 나할 것 없이 모두가 패닉 상태에 빠져 있던 그때, 코로나 사태로 전 세계적으로 피해가 걷잡을 수 없이 커지자, 중국 외교부는 미군이 중국 우한에 코로나를 전염시킨 것 같다며 코로나 발원지가 중국이 아닐 수도 있다는 발표를 했다. 한국의 포털 사이트에서 이 기사 관련 댓글을 보니 많은 한국인들이 중국 정부의 이런 발표를 비상식적인 행태로 보고 비난했다. 다음은 그 기사 아래에 달린 네티즌들의 댓글이다.

"중국이 또 중국하네!"
"뭘 그리 놀라나요? 중국이 중국하는 건데…"●

자, 여기서 한국어를 공부하는 어느 외국인이 이 댓글을 보고 이런 질문을 했다고 가정해 보자.

"이 문장에서 동사로 쓰인 "중국하다"는 자동사입니까, 타동사입니까? 이 문맥에서는 자동사로 쓰였는데, 타동사로는 쓸 수 없는 건가요? 예를 들어, 여기서는 중국 정부가 미국을 공격하는 내용이니, "중국이 미국을 중국하네."라고 타동사화해서 쓰면 안 될까요? 만약 안 된다면, 왜 "중국하다"는 타동사로 쓸 수가 없는 겁니까?"

● 여기서 "중국"은 정확히 "중국 정부"를 말하며, 모든 중국 사람들을 뜻하는 것이 아님을 밝힌다.

이거 참, "대략난감!"이라는 인터넷 채팅 용어가 떠오르는 질문이다. 한국 사람 입장에서 이 문법 질문에 답하기가 난감한 이유는, 일단 우리말 사전에 '중국하다'라는 동사 자체가 존재하지 않기 때문이다. 이는 사전에 존재하는 표준어가 아니라, '중국'이라는 명사에 동사를 만드는 접미사 '-하다'를 붙여서 어느 한국인 네티즌이 장난삼아 만든 단어다. 그게 유행어처럼 퍼지면서 이제 많은 사람들이 사용하긴 하지만, 그래도 이는 비표준어다. 다시 말해, 현재 아무리 많은 네티즌들이 인터넷에서 재미 삼아 이 단어를 쓰고 있다 하더라도, 애초에 사전에 존재하지 않는 이 단어를 문법적으로 올바르다고 볼 수는 없다. 그러니 격식을 갖춰야 하는 자리에서나 공식적인 문서를 작성할 때 이 단어를 사용하는 한국인은 당연히 없다. 이를테면, 텔레비전 뉴스 앵커가 "오늘 중국이 중국했다고 합니다!"라고 말하는 일은 없다는 말이다. 이런 상황에서 "중국하다"가 자동사인지 타동사인지를 문법적으로 따져 보는 것이 무슨 의미가 있을까?

아선생이 하고 싶은 말은, "Don't yes-ma'am me."에서 yes-ma'am이 왜 자동사로 쓰이지 않고 타동사로 쓰이는지를 묻는 것은, "중국하다"라는 동사가 왜 타동사로 쓰이면 안 되는지를 따져 묻는 것과 비슷한 질문이라는 것이다. 이렇게 한국어든 영어든, 그 나라 언어의 구어체 일상회화 스타일을 공부할 때는 문장의 문법성을 따지는 접근으로는 힘들 때가 많다. 예를 들어, 독자님 질문에 있는 문장, "Don't say yes-ma'am to me."를 보자. 이 문장이 사실 문법적으로는 "Don't yes-ma'am me."보다도 훨씬 더 좋은 문장이긴 하지만, 미국인들에게는 매우 어색하다 못해 이상하게까지 들린다. 그 이유는 이 문장이 문법적으로 틀려서가 아니라 미국인들의 구어체 일상회화 스타일이 아니기 때문이다. 말하자면, 이는 아메리칸 스타일이 아니라 강남 스타일의 영어다.

그렇다면 구어체 일상회화 스타일은 대체 어떻게 접근해야 할까? 문장이나 표현의 문법성을 따지기보다 그런 표현들이 어떻게 쓰이는지 그 흐름을 잘 관찰해서 패턴을 파악하는 것이 훨씬 더 현명한 접근 방식이다. 예를 들어, "중국하다"라는 말을 통해, 우리는 한국인들이 명사에 '-하다'를 붙여 다양한 표현을 만들어 낸다는 사실을 알 수 있다. 그러니 똑같은 패턴으로 만든 "일본하다" 또는 "미국하다" 같은 단어들도 비표준어지만 어떤 의미인지 쉽게 파악할 수 있다. 한국어의 이 같은 패턴은 고유명사에도 적용돼서, 어떤 경우 사람 이름에 '-하다'를 붙이기도 한다. "트럼프가 트럼프하는 거지, 뭐!" 이런 식으로 말이다.

그럼 이제 우리가 공부하는 미국 영어 속 구어체 스타일의 패턴을 살펴보자. "Don't yes-ma'am me."에서는 "Yes, ma'am"이라는 표현 자체가 하나의 동사로 쓰였다. 이런 식으로 문법을 사용하는 비슷한 용례로 "Don't but-mom me 나한테 "하지만, 엄마"라고 하지 마!"도 있다. 엄마가 말할 때마다 "But mom,하지만 엄마, 그건 ~"이라고 토를 다는 아이들에게 미국 엄마들이 하는 말이다. 또 다른 예로 이런 문장도 있다.

"Ching chong-ing, this virus is gonna get Americans killed, jackasses!"

미국에 코로나바이러스가 퍼지기 시작하면서 아시아인을 향한 인종 차별이 심해지자, 한국계 미국인 영화배우 존 조John Cho가 그의 트위터에 남긴 말이다. Ching chong은 미국인들이 아시아인들을 조롱할 때 쓰는 말이다. 일례로, 어느 아시아계 미국인은 자신의 칼럼에서 뉴욕의 한 슈퍼마켓 직원에게 "Are you Ching chong당신은 칭총입니까?"이라는 말을 들었다고 고백하기도 했다. 이런 이유 때문에 존 조가 이 Ching chong을 그대로 동사화해서 -ing를 붙인 현재분사형으로 만들어 이 문장을 썼다고 본다. 해석하자면, "(당신들이) 칭총거리면서 아시아인들을 조롱하고 있을 동안, 이 바이러스는 미국인들을 죽게 할 거다. 이 멍청이 **들아!" 이 트윗을 읽는 순간, 아선생은 존 조의 팬이 되었다!

각설하고, 여기서 우리는 어떤 일정한 패턴을 볼 수 있다. 미국 구어체 영어는 한국어가 명사를 동사화할 때 '-하다'라는 접미사를 붙이는 것과는 다른 양상을 보인다는 점이다. 그것은 미국 영어에서는 어떤 하나의 표현 자체가 아무런 형태 변화 없이 그대~로 동사화되어 쓰인다는 사실이다. 이런 패턴은 고유명사에도 똑같이 적용된다. 일례로 구글Google 검색 엔진 회사 이름을 보자. 한국어에서는 "구글해 봐."처럼 이를 동사로 만들기 위해서 "구글" 뒤에 '-하다'라는 접미사가 붙는다. 반면, 영어에서는 그냥 "Google it!"이라고 해 버린다.

즉, 아무런 어형 변화 없이 그 단어가 명사로도 쓰였다가 동사로도 쓰인다는 말이다. 이는 영어 단어의 대부분이 하나의 품사로만 기능하는 것이 아니라, 여러 품사로 기능한다는 언어적 특성 때문이다. 이와 관련된 몇 가지 예를 살펴보자.

Lecture:

That was a really wonderful lecture! (명사: 강의)

정말 훌륭한 강의였습니다.

Don't lecture me! (동사: 강의하다, 가르치다)

나한테 가르치려 들지 마!

Milk:

Skim milk has fewer calories than whole milk. (명사: 우유)

탈지 우유는 일반 우유보다 칼로리가 적습니다.

I've never milked the cow. (동사: 우유를 짜다)

저는 젖소의 젖을 짜 본 적이 한 번도 없습니다.

Sandwich:

My mom makes the best club sandwich. (명사: 샌드위치)

우리 엄마가 가장 맛있는 클럽 샌드위치를 만드신다니까.

I have a 30-minute lunch meeting sandwiched between the two meetings. (동사: 둘 사이에 끼워 넣다)

두 회의 사이에 30분짜리 점심 회의(점심 먹으면서 하는 회의)가 끼어 있어.

Mistake:

Dating my boss was the biggest mistake I've ever made! (명사: 실수)

직장 상사와 데이트한 건 내가 저지른 가장 큰 실수였어!

Sorry! I mistook you for my teacher. (동사: ~를 다른 사람으로 착각하다)

죄송합니다. 저희 선생님이신 줄 알았어요.

Spread:

The best way to prevent the spread of the novel coronavirus is to stay home and keep your distance from others. (명사: 확산)

신종 코로나바이러스의 확산을 막는 가장 좋은 방법은 집에 머물면서 다른 사람들과 거리를 유지하는 것입니다.

Could you please explain why the novel coronavirus is spreading so fast? (동사: 확산되다, 퍼지다)

신종 코로나바이러스가 왜 이렇게 빨리 퍼지는지 설명 좀 해 주시겠어요?

Show off:

It looks like he's showing off because he wants Jenny's attention. (자동사: 으스대다)

난 저 남자가 으스대는 이유가 제니의 관심을 끌려고 그러는 것처럼 보여.

She wants to show off her dancing skills whenever she has a chance. (타동사: ~을 자랑하다)

그녀는 기회가 있을 때마다 자신의 춤 실력을 뽐내고 싶어 해.

He's such a show-off! (명사: 잘난 척하는 사람)

걔는 정말 잘난 척 대마왕이라니까!

Frequent:

We need to discuss how to reward our frequent customers. (형용사: 잦은/빈번한)

우리는 자주 오시는 고객 분들께 보답할 방법을 상의해야 해요.

I saw that guy at the bar I frequent. (동사: ~에 자주 가다)

저 남자를 내가 자주 가는 바에서 봤어.

Slow:

I was a slow learner when I was in elementary school.

(형용사: 느린)

저는 초등학교 때 학습이 느린 학생이었습니다.

Could you drive slower please? (부사: 천천히)

제발 좀 더 천천히 운전해 주실래요?

You need to slow down here. (동사: 속도를 줄이다)

여기서는 속도를 줄이셔야 합니다.

Better:

This is a better book. (형용사: 더 좋은)

이게 더 좋은 책입니다.

I know I'm doing an okay job now, but I want to do it

better. (부사: 더 잘)

내가 지금 괜찮게 하고 있다는 건 알지만, 난 더 잘하고 싶어.

I'd like to better my cooking skills. (동사: 더 잘하다, 더 좋게 만들다)

난 내 요리 실력을 향상시키고 싶어.

보다시피 이렇게 영어라는 언어는 똑같은 단어가 명사도 되었다가 동사도 되었다가 형용사도 되었다가 심지어 부사까지 되는 경우도 있다. 아무런 어형 변화 없이 말이다! 영어가 가진 바로 이런 특성 때문에 야후나 구글 등의 고유명사가 동사화되어 "Do you Yahoo야후하세요?" 또는 "Why don't you Google it구글에서 찾아보지 그래요?" 등의 문장이 탄생하는 것이다. 이렇게 미국 영어는 정말 미국인들만큼이나 자유분방하다. 그렇기 때문에 교과서에서 배운 문법에 얽매여 미국인들이 사용하는 구어체 스타일의 영어를 공부하는 것은 효과적인 접근법이 아니다. 그러니 이제는 영어의 이런 자유분방한 언어적 특성을 이해하면서 좀 더 유연하게 접근하도록 하자.

뼛속까지 자본주의적인
미국 영어 브랜드명의 보통명사화

_He broke up with me on a post-it!

아선생에게는 해마다 추수감사절 저녁 식사Thanksgiving dinner에 우리 가족을 초대해 주는 미국인 친구들이 있다. 그분들이 재작년 추수감사절에도 어김없이 우리 가족 모두를 초대해 줘서 갔는데, 그해 칠면조 고기와 함께 먹은 그레이비소스가 특히 더 맛있었다. 미국 소스 특유의 느끼함을 잡아 주는 뭔가 깊은 맛이 있었는데, 그땐 그게 뭔지 몰랐지만 굉장히 맛있었던 기억이 난다. 그래서 친구 어머니인 린다 아주머니께 미국식 호들갑을 떨면서 정말 놀랍도록 맛있다고 말씀드렸더니, 그분께서 그날의 그레이비소스 맛이 조금 다른 이유를 이렇게 설명하셨다.

"I used Kikkoman this year." 올해는 키코만을 썼거든.

나는 린다 아주머니가 그분 특유의 억양과 발음으로 말씀하신 Kikkoman이 당연히 어떤 향신료의 일종일 거라고 생각해서 좀 보여달라고 부탁드렸다. 그런데 그분이 보여주신 건 다름 아닌 키코만 브랜드의 일본 간장이었다. 세상에, 그걸 못 알아들었다니! 나 자신에게 어이가 없어서 헛웃음이 났지만, 동시에 간장을 soy sauce라고 하는 대신 일본 간장 브랜드 이름으로 표현한 것이 흥미로우면서도 조금은 섭섭했다. 만약 우리가 일본보다 먼저 미국에 간장을 수출했다면, 그분께서 "I used Sampyo this year올해는 샘표를 썼거든."이라고 했을 테니 말이다.

이렇게 미국인들은 일상회화에서 물건 이름 대신 그 물건을 만드는 대표적인 회사 브랜드 이름을 사용하는 경우가 굉장히 흔하다. 물론 이런 문맥에서 브랜드 이름은 고유명사라기보다는 그 물건 자체를 나타내는 보통명사처럼 기능할 때가 더 많다. 이를테면, 〈섹스 앤 더 시티〉에서 주인공 캐리가 말한 다음 문장을 보자.

"He broke up with me on a post-it!"
그 사람이 포스트잇에다 헤어지자는 말을 남기고는 날 떠났어요!

헤어지자는 말을 포스트잇에다 남기고 떠나 버린 찌질한 남자 친구에 대해 캐리가 말하는 장면이다. 이때 보통명사처럼 관사 a와 함께 쓰인 post-it은 원래 고유명사인 어떤 제품의 브랜드 이름이다. 사실, 쉽게 붙였다 떼었다 할 수 있는 이런 종류의 메모지를 영어로 sticky note라고 한다. 즉, sticky note가 이런 메모지를 통칭하는 보통명사이며, post-it은 sticky note의 브랜드 이름으로 고유명사라는 말이다. 실제로 극 중 캐리의 남자 친구가 이별할 때 사용한 메모지가 3M사에서 만든 Post-it 브랜드인지, 오피스디포Office Depot 사에서 만든 것인지 캐리가 확인했을 리는 없다. 그러나 이 문맥에서 이 메모지가 어느 회사 제품인지는 전혀 중요하지가 않다. 왜냐하면 이때 post-it은 브랜드 이름이 아니라 그런 메모지 자체를 말하기 때문이다. 이렇게 미국 영어에서는 브랜드명이 보통명사처럼 쓰이는 경우가 굉장히 많은데, 비슷한 사례를 몇 가지 더 살펴보자.

이런 사례 중 가장 많이 들을 수 있는 단어가 Xerox제록스다. 다들 알다시피 Xerox는 복사기와 프린터를 만드는 회사의 상호명으로, 원래는 고유명사다. 그런데 이 단어는 현재 미국에서 '복사기', 또는 '복사본'이라는 뜻의 보통명사로 쓰일 때가 더 많고, '복사본'의 의미로 가장 흔하게 쓰인다. 이때는 다음과 같이 '셀 수 있는 보통명사'로 쓰이므로 관사 사용에 주의하자.

Do you need a <u>xerox</u> of this handout?

이 인쇄물의 복사본이 필요합니까?

더 명확히 하기 위해 다음과 같이 xerox copy라고도 쓴다.

I made a <u>xerox copy</u> of this document.

이 문서의 복사본도 만들었습니다.

대부분의 영어 단어가 그렇듯이, 이 단어는 '복사하다'라는 뜻의 동사로도 쓰인다. 과거형과 과거분사형은 규칙 변화로 -ed만 붙인 xeroxed가 된다. 왜 하나의 단어가 이렇게 명사, 동사, 심지어 형용사 역할까지 할 수 있는지에 관해서는 앞서 「미국 영어의 일상회화 속 구어체 스타일」 편에서 다뤘으니 참고하시기 바란다.

Why don't you just <u>xerox</u> the handout and distribute it to your students?

그냥 그 인쇄물을 복사해서 학생들에게 나눠 주는 게 어때요?

I'm gonna have to have this <u>xeroxed</u> and give one copy to my boss.
이 문서를 복사해서 저희 사장님께도 한 부 드려야겠습니다.

흥미로운 사실은, 이 동사에 '-하는 사람'이라는 뜻의 접미사 'er'이 붙어서 xeroxer가 되면 '복사해 주는 사람'이라는 뜻이 된다. 그런데 이 단어가 드물기는 하지만, 다른 사람의 아이디어나 스타일 등을 따라 하는 '따라쟁이copycat'라는 의미로도 쓰인다고 한다. 하, 아선생은 이럴 때 언어 공부의 참맛을 느낀다!

다음은 Band-Aid! 일회용 반창고 브랜드 이름이다. 이 단어 역시 명사로는 '일회용 반창고', 동사로는 '반창고를 붙이다'라는 의미로 쓰인다. 비슷한 예로, 현재 40대인 아선생이 어릴 적에는 이런 종류의 반창고를 통틀어 "대일밴드"라고 불렀다. 그래서 넘어져서 무릎이 까지면 "엄마, 대일밴드 붙여 주세요!"라고 말했던 기억이 난다. 시간이 지나면서 대일밴드를 만드는 대일화학공업 외에도 많은 제약 회사들이 이런 종류의 반창고를 만들기 시작했다. 하지만 우리 가족을 비롯한 대부분의 사람들이 그 모든 일회용 반창고를 브랜드에 관계없이 그저 "대일밴드"라고만 불렀는데, 이 또한 브랜드명이 보통명사화된 사례다. 아까 설명했듯이 Band-Aid는 보통명사처럼 쓰이며, 드물게는 동사로도 쓰인다.

It's a minor injury. Just put on a band-aid.
가벼운 상처네. 그냥 일회용 반창고 하나만 붙여.

그런데, xeroxer가 때로 '남의 아이디어나 스타일 등을 따라하는 사람'이라는 의미로 쓰일 때가 있는 것처럼, Band-Aid 역시 '임시방편(미봉책)'의 의미로도 쓰인다. 왜 그런지는 일회용 반창고의 특성을 떠올려 보면 쉽게 이해된다. 그러니 이런 문맥 속에서 Band-Aid는 부정적인 뉘앙스를 듬뿍 담고 있는 단어로 봐야 한다. 이거 참 재미나지 아니한가?

I'm sorry, but it sounds like a band-aid solution to this problem.
죄송하지만, 그건 이 문제 해결의 임시방편책으로 밖에 들리지 않습니다.

그저 브랜드 이름으로 시작한 고유명사들이 보통명사나 동사, 심지어 형용사로 쓰이다가, 종국에는 이런 재미난 표현으로까지 변형되다니! 아선생은 이런 현상이 언어를 사용하는 인간 개개인의 창의성이 더해진 결과가 아닐까 생각한다. 마지막으로 미국인들이 일상생활에서 굉장히 자주 사용하는 보통명사화된 브랜드 이름을 몇 가지 더 정리해 보면 다음과 같다.

Scotch tape

우리에게도 잘 알려진 접착용 테이프 브랜드명이다. 이런 종류의 테이프를 통틀어 말하는 보통명사는 cellophane tape 또는 adhesive tape이지만, 아선생은 이 두 단어를 쓰는 미국 사람을 본 적이 없다. 미국에서는 이 단어들보다 Scotch tape가 오히려 보통명사처럼 쓰이기 때문이다. 꼭 Scotch tape 브랜드 제품이 아니더라도 말이다!

Why don't you use scotch tape instead of the glue?
풀 말고 스카치테이프를 쓰지 그래요?

Popsicle

막대기에 얼린 아이스바의 브랜드 이름으로, 보통명사인 ice

candy보다 압도적으로 많이 쓰이는 단어다. 우리나라에서 이런 종류의 아이스바나 아이스크림바를 통틀어 "하드"로 부르는 것처럼, 미국에서는 popsicle이라고 부른다.

Are popsicle sticks recyclable?

하드 막대도 재활용이 되나요?

Jacuzzi

거품이 나오는 넓은 욕조hot tub의 브랜드 이름인데, 많은 미국인들이 이 jacuzzi를 '거품이 나오는 넓은 욕조'를 뜻하는 보통명사처럼 사용한다.

My grandma has two jacuzzis in her house.

우리 할머니 댁에는 거품 나오는 넓은 욕조가 두 개 있어.

Kleenex

우리나라에도 널리 알려진 화장지 브랜드로, 보통명사인 tissue만큼이나 흔하게 보통명사처럼 쓰인다.

Could you please pass me the kleenex?

거기 화장지 좀 주실래요?

Tupperware

지금은 '음식을 담는 플라스틱 용기'라는 뜻의 보통명사로 쓰이는데, 원래는 그런 제품의 브랜드 이름이었다.

You can keep the tupperware. I've got so many of them.

그 플라스틱 용기는 너 가져도 돼. 난 너무 많거든.

Ping Pong

원래는 어느 회사가 만든 탁구 테이블의 브랜드 이름이었는데, 지금은 '탁구'라는 뜻으로 쓰인다. 원래 탁구를 뜻하는 단어인 table tennis보다 오히려 더 많이 쓰인다.

My favorite hobby is playing ping pong.

내가 좋아하는 취미는 탁구 치는 거야.

Roomba

iRobot사에서 나온 납작하면서 동그랗게 생긴 로봇 청소기 브랜드 이름이다. 현재는 Deebot, Shark 등 미국의 다른 회사에서도 이런 로봇 청소기가 많이 나온다. 심지어 우리나라의 LG와 삼성도 이 제품을 만들어 낸다. 그럼에도 불구하고, 많은 미국인들이 여전히 이런 종류의 로봇 청소기를 말할 때 Roomba라는 단어를 쓴다.

Our living room is huge, and it's so hard to clean the floor even once a week! We really need a roomba.

우리 집 거실은 엄청 넓어서 일주일에 한 번 바닥 청소하는 것도 너무 힘들어! 우린 정말 로봇 청소기가 있어야 해.

지금까지 미국 영어에서 브랜드 이름이 보통명사처럼 쓰이는 사례들을 짚어 보았다. 물론 이 회사들이 스코틀랜드 스타일의 테이프Scotch tape까지 포함해서 거의 미국 회사이기 때문에 영국 영어에서도 이렇게 쓰이는지는 하나하나 확인해 봐야 할 것이다. 그런데 아선생이 이런 사례들을 정리하면서 놀란 것은, 미국 영어에서 생각보다 많은 보통명사가 실제로는 브랜드 이름에서 출발했다는 점이다. 탁구를 뜻하는 영어 단어 ping pong이 탁구 테이블의 브랜드 이름에서 출발했다는 사실을 그 누가 알았겠는가! 미국 사회가 뼛속까지 자본주의적이라는 것을 그들의 언어 사용에서도 확인할 수 있는 대목이다. 역시 언어는 그 나라 사람들의 정신과 문화를 담아낸다는 사실을 다시금 깨닫게 된다.

미국 북부인들은 못 알아듣는 남부 영어 표현

_Bless your heart!

아선생은 드라마를 좋아한다. 미치도록 빠져들었던 드라마에 〈베토벤 바이러스〉, 〈학교 2013〉, 〈송곳〉, 〈천리마마트〉, 〈스토브리그〉 등이 있다. 그런데 멜로드라마는 진심 아선생 취향이 아니다. 그래서 한국에서 직장 생활할 때, 불치병에 걸린 송혜교에게 원빈이 "얼마면 되니? 얼마면 돼?"라고 하는 장면을 보며 가슴이 시렸다던 동료들에게 아선생은 도무지 공감할 수가 없었다. 그런 아선생이 〈사랑의 불시착〉이라는 드라마를 악착같이 챙겨 본 이유는 절대로 이 드라마의 장르 나 서사 방식 때문이 아니었다. 주인공과 그의 주변 인물들이 하는 북한말이 너무도 흥미로웠기 때문이다. 그런 사람이 아 선생뿐만은 아니었던지, 이 드라마 관련 기사 댓글을 보면 늘 어느 배우의 북한말이 더 오리지널에 가까운지, 또는 어느 배 우의 북한 말투가 어설픈지를 놓고 설전을 벌이는 이들이 있 었다. 극 중 배우들의 자연스러운 북한말 구사는 분명 이 드 라마가 성공을 거두는 데 커다란 역할을 했을 것이다.

아니나 다를까, 유튜브를 통해 탈북자들이 하는 이야기를 들 어보면, 이 드라마에서 대부분의 배우들이 북한말을 완벽하 게 소화해 냈다고 한다. 그런데 그들의 이야기를 통해, 아선 생은 현대의 북한 젊은이들은 "에미나이"라는 말을 거의 안 쓴다는 사실 또한 알게 되었다. 이 드라마를 제작할 때 실제 탈북자들의 고증을 거쳤으며, 보조작가 또한 북한 출신이었 다는 사실을 감안할 때, 작가가 이를 몰랐을 리 없다. 그럼에 도 불구하고 "에미나이"라는 말을 극 중 표치수의 대사 속에 자주 집어넣은 것은, 어느 탈북자의 지적처럼 이 단어가 남한 사람들에게 북한말을 대표하는 어떤 트레이드마크와도 같은 역할을 하기 때문일 것이다. 이런 단어에는 남한을 뜻하는 "남조선"도 있다. 그래서 우리는 "남조선 에미나이"라는 말을 듣는 순간, 억양에 관계없이 자동적으로 그것이 북한말이라 는 사실을 인지하게 된다. 이렇게 각 지방의 방언에는 그들 만이 색다르게 쓰는 어휘가 있다. 예를 들면, 경상도의 "가시 나"(여자아이), 전라도의 "거시기"(하려는 말이 얼른 생각나지 않거나 바로 말하기 가 거북할 때 쓰는 군소리●), 충청도의 "시방"(지금), 서울의 "기집애"(여자아 이●●) 등이 있다. 캘리포니아주보다 작은 한반도에서, 그것도 반만 차지하는 대한민국의 실정이 이러니, 넓디넓은 미국 영 어에는 이런 현상이 더욱 두드러지게 나타난다. 그러니 미국 의 각 지역 방언을 대표하는 어휘나 표현을 몇 가지 살펴보는 것도 미국 영어, 나아가 미국 문화를 좀 더 깊이 이해하는 데 도움이 될 것이다.

● 네이버 국어사전

● ● 이 말은 서울 지역의 사투리로 표준어는 "계집애"다.

미국 영어에는 땅이 넓은 만큼 북부, 남부, 서부, 하와이, 알래스카 등 다양한 방언이 있고, 각 지역마다 문법과 단어 사용이 조금씩 다르다. 그렇지만 전문가들은 미국 영어를 크게 남부 영어와 북부 영어, 이렇게 두 가지 방언으로 나눈다.

Broadly considered, there are only two general dialects in the United States, northern and southern, each with numerous variations. The general northern dialect is spoken in all areas of the country outside the Old South of the Confederacy. Greatly influenced by the language of New England, further dialects of the general northern dialect developed with westward expansion.●

넓게 봐서, 미국에는 두 개의 방언이 존재하는데, 북부 영어와 남부 영어이며, 이 둘은 각기 다양하게 변형된 형태를 포함합니다. 일반적인 북부 영어는 미국에서 구 남부 연합 바깥의 모든 지역에서 쓰입니다. 뉴잉글랜드 지역 영어의 영향을 많이 받은 북부 영어는 서부로 확장되면서 더 많은 방언들로 발전하게 됩니다.

참고로, 구 남부 연합The Old South of the Confederacy에 속하는 주

● Shearer, F. B. (2007) *Culture and Customs of the United States.* Santa Barbara, CA: ABC-CLIO, LLC.

는 앨라배마, 아칸소, 플로리다, 조지아, 루이지애나, 미시시피, 사우스캐롤라이나, 텍사스, 버지니아, 테네시, 노스캐롤라이나이다. 그러나 플로리다주의 경우, 북부 플로리다를 제외한 중부와 남부 플로리다는 남부 영어가 아닌 북부 영어를 쓰는 사람이 대부분이다. 추운 북부 날씨가 싫어서 따뜻한 플로리다주로 이사 온 뉴욕 등 북부 출신의 사람들이 너무나 많이 살고 있기 때문이다. 실제로 포트 로더데일Fort Lauderdale 등의 플로리다 남부 지방에서 이사 온 아선생의 친구들은 전부 다 부모님들이 뉴욕, 필라델피아, 보스턴 등 북부 지역 출신이다. 좌우지간 요약하면, 결국 미국 영어는 크게 남부 영어와 북부 영어 이렇게 두 가지 방언으로 나뉜다는 것이 영어학자들의 대체적인 견해다.

이런 방언의 차이로 재미있는 에피소드들이 생기는데, 아선생은 이런 에피소드를 만들어 내는 주요 요소가 주로 이디엄에 있다고 본다. 사전에 따르면, 이디엄이란 둘 이상의 단어들이 연결되어 그 단어들이 원래 가지고 있는 제 뜻 이 외의 특별한 의미를 지니는 말●이다. 그래서 그 지역 사람이 아니면 그 표현이 지닌 특별한 의미를 몰라서 문장을 그냥 문자 그대로 해석하게 되는데, 바로 그때 재미난 일들이 벌어지게

● 네이버 국어사전

된다. 예를 들어, 북한말에 "일없다"라는 표현이 있는데, 그게 '괜찮다'라는 의미라고 한다. 그렇지만 북한 출신 사람이 사업하는 남한 출신 사람에게 "요즘 일없습니까?"라고 물으면, 상대방은 "네. 일이 없어서 정말 큰일이에요."라고 대답할 것이다. 그 사람은 북한말로 그저 안부를 물었을 것인데, 이 이디엄을 모르는 우리는 이 문장을 문자 그대로 해석해서 '일거리가 없느냐'라는 뜻으로 받아들일 소지가 크기 때문이다. 우리말과 마찬가지로 미국에서도 북부 영어와 남부 영어가 가진 이디엄의 차이 때문에 벌어지는 재밌는 일들이 많다.

아선생의 대학원 지도 교수님 중 한 분으로, 지금은 고인이 되신 젱크스 교수님은 뉴욕주 출신이었다. 언젠가 수업 시간에 그분이 뉴욕주에서 남부로 처음 이사 와서 주유소에서 기름을 넣던 날 이야기를 해 주신 적이 있다. 지금 살아 계신다면 80대였을 그분이 대학을 다니던 시절에는 주유소에서 직원이 손님 차에 기름을 넣어 줬다고 한다. 참고로, 지금 미국은 운전자가 직접 차에 기름을 넣어야 한다. 그런데 기름을 다 넣고 돈을 지불하고 떠나는 교수님과 친구 분에게 주유소 직원이 큰 소리로 이렇게 말했다.

"Y'all (= You all) come back!"

이 말은 직역하면 "모두들 돌아오세요!"다. 그러나 미국 남부
에서 이 말은 "우리 가게에 또 오세요!"를 뜻하는, 한마디로
"안녕히 가세요!"를 대신하는 인사말이다. 하지만 뉴욕 출신
인 젱크스 교수님은 그 말을 문자 그대로 받아들이고는, 당장
차를 돌려서 그 주유소로 다시 들어갔다. 그러고는 이렇게 말
씀하셨다고 한다. "What do you want 무슨 일이죠?"
교수님께서 이 이야기를 하셨을 때 남부 출신 학생들은 박장
대소했지만, 교수님과 같은 뉴욕 출신인 어느 미국인 학생과
나만 왜 웃는지를 몰라 서로 멀뚱하게 쳐다본 기억이 난다.

이 외에도 미국 남부인들만 사용하는 대표적인 표현으로
Bless someone's heart가 있다. 이때 someone's 자리
에 아무 소유격이나 다 올 수 있어서 "Bless your heart!",
"Bless his heart!", 또는 "Bless their hearts!" 등의 표현이
모두 가능하다. 그런데 이 이디엄의 정의를 한마디로 설명하
라고 하면 사실 좀 곤란해진다. 일단 미국의 한 인터넷 사전
은 이 말을 이렇게 정의한다.

Bless someone's heart:

Used to express fondness or sympathy for something●

뭔가에 대한 자애와 연민을 나타낼 때 쓰이는 표현

사실 이런 정의도 틀린 말은 아니나, 아선생은 이 사전을 만든 사람이 미국 남부 출신이 아니라는 건 확신한다. 왜냐하면, Bless라는 단어가 들어가서 축복을 빌어 주는 것만 같은 느낌의 이 이디엄은, 미국 남부에서 오히려 부정적인 의미로 더 많이 쓰이기 때문이다. 물론 이 사전적 정의처럼 긍정적이고 따뜻한 느낌으로 쓰일 때가 있는 것도 사실이긴 하다. 그러나 남부에서는 이 말이 너무나 다양한 뜻으로 다양한 상황에서 쓰이기 때문에, 이 말을 들을 때는 특히나 문맥을 더 잘 살펴봐야 한다. 그리고 이것은 단어나 이디엄을 문맥과 함께 공부해야 하는 또 다른 이유이기도 하다.

아선생이 살고 있는 탈라하시는 남부 영어의 영향권 아래에 있는 북부 플로리다에 속하는데, 플로리다 주립대학에서 함께 일하는 동료와 친구들은 거의 미국 북부와 서부, 또는 플로리다 남부 출신이다. 그런 이유 때문인지, 아선생이 이 표

● https://www.lexico.com/en/definition/bless

현을 실제로 직접 들은 것은 불과 2년 전이다. 쇼핑을 끝내고 계산대에 물건을 가지고 와서 기다리는데, 평소와는 달리 줄이 아주 길었다. 보니까 계산원은 한 사람뿐인데, 이 사람이 너무나 느릿느릿하고 여유롭게 계산을 하고 있는 것이었다. 미국인들의 그런 지나치게 여유 있는 태도에 지나치게 익숙해져 버린 아선생은, 미국식 가짜 미소_{fake smile}를 지으며 그저 느긋하게 기다리고 있었다. 그런데 늑장을 부리는 계산원의 태도에 짜증이 난 사람은 오히려 어느 남부 출신 백인 할머니였다.

"Only 1 cashier? Bless our hearts!"

심각하게 불평하던 그 할머니께는 대단히 죄송했지만, 그 상황에서 "Bless our hearts!"라는 표현이 너무너무 웃겨서 아선생은 쿡쿡 새어 나오는 웃음을 참을 수가 없었다. 아선생 바로 뒤에 서 있던 다른 미국인도 그 할머니 말씀에 겨우 웃음을 참으며 내게 윙크하는 것을 보니, 아마도 남부가 아니라 북부 출신 미국인인 눈치였다. 어쨌든 그 할머니께서 "Bless our hearts!"라고 크게 외치자마자, 계산원은 재빨리 계산대로 직원을 한 명 더 보내달라는 방송을 했다. 물론 그때부터는 갑자기 손 빠르게 움직이기 시작했다. 그러니 이 상황에서 앞의 문장은 "손님이 이렇게 많은데 계산원이 한 명밖에 없습니까? 지금 우리 인내심을 시험하는 겁니까!" 정도로 해석할 수 있을 것이다.

"Bless someone's heart!"라는 표현이 얼마나 다양한 상황에서 다양한 의미로 쓰이는 말인지는 유튜브에서 〈What "Bless Your Heart" Really Means〉라는 동영상을 보면 알 수 있다. 길 가다가 부주의로 문에 부딪힌 남자를 옆에서 지켜보고 있던 할머니가 "Bless his heart!"라고 말한다. 동시에 뜨는 자막은 "What an idiot 저런 얼간이 녀석!" 일단 결혼만 하고 나면 남자 친구가 달라질 거라고 친구에게 전화로 말하는 젊은 여자를 보고 있던 그 할머니는 또 말한다. "Bless her heart!" 동시에 뜨는 자막은 "Poor naïve child 아무것도 모르는 순진한 것!" 길에서 처음 본 지나가는 여자를 꼬시려는 바람둥이 남자를 보더니, 그 할머니는 또 말한다. "Bless his heart!" 자막은 "I hate that guy 저 자식 대체 왜 저래!" 핸드폰으로 우스꽝스러운 사진을 만들어 보며 어린 아이처럼 장난치는 할머니들을 보던 어느 여자가 말한다. "Bless their hearts!" 자막은 "They're so cute 할머니들이 정말 귀여우시네!"●

● https://www.youtube.com/watch?v=w4nRIw_ATJA

이 비디오에서 볼 수 있듯이 Bless someone's heart는 이 토록 다양한 용례로 쓰일 수 있는 표현이다. 그러니 남부 사람이 아니면 도대체 이게 어떤 의미로 쓰이는 이디엄인지 헷갈릴 만도 하다. 실제로 남부 출신 할머니를 둔 어느 북부 출신 미국인이 이 비디오 아래에 다음과 같이 댓글을 남겼다.

"My grandma used to bless your heart all the time. Now, I'm wondering what she meant, probably something different every single time."
우리 할머니는 "Bless your heart!"라는 말씀을 늘 하셨거든. 그런데 이제 보니 할머니께서 그걸 무슨 뜻으로 하신 말씀인지 궁금하네. 아마도 매번 다른 뜻으로 말씀하신 것 같긴 한데.

그런데 이 표현과 관련해 남부 출신 미국인들이 인터넷에 남긴 글들을 보니, 남부인들은 이를 부정적인 의미로 쓰는 경우가 훨씬 더 많은 듯하다.

"Bless your heart is a southern belle's way of politely insulting you."

"Bless your heart!"는 남부 여인들이 무례하지 않게 당신을 모욕하는 말이랍니다.

"In many cases, it's a polite way of telling someone that they're an idiot (my preferred usage)."
많은 경우, 이 말은 누군가에게 멍청이라는 말을 예의 바르게 하는 방식이지요. (저는 주로 그렇게 씁니다.)

그럼에도 불구하고 이 말이 언제나 부정적인 의미로만 쓰인다고 생각했다가는 큰 오산이다. 현재 앨라배마주에 살고 있다는 미국 북서부 워싱턴주 출신의 해나 놀링Hannah Norling의 말을 들어보자.

...I told my co-worker the long-winded story about why I missed her going away party. She put a hand to her chest and said, "Oh, bless your heart!" Confusion overtook my brain. She was saying it so nicely, but everything I had ever heard about "bless your heart" was negative.

I asked my Southern co-worker if she had just insulted me. She laughed and explained that depending on the person, "bless your heart" is also used to express sympathy or genuine concern. Mind. Blown. My co-worker was now the National Treasurer of Southern sayings. I was like ... the Indiana Jones of deciphering Southern slang...●

나는 동료에게 내가 왜 그녀의 환송회에 참석하지 못했는지 길게 설명했다. 그러자 그녀는 자기 가슴에 한 손을 얹더니, "Oh, bless your heart!"라고 말했다. 내 머릿속은 혼란으로 가득 찼다. 그녀는 너무나 상냥하게 그 말을 했지만, 그때까지 내가 "bless your heart"에 대해서 들었던 모든 말은 부정적인 것이었기 때문이다. 나는 남부 출신 동료에게 그녀가 나를 모욕한 것인지 물어봤다. 그러자 내 동료는 막 웃더니, 그건 사람에 따라 다르다면서, "bless your heart"는 연민이나 진심 어린 걱정을 표현하는 말이기도 하다고 설명해 줬다. 이.럴.수.가! 내 동료는 남부 말 지킴이 최고 자리에 있는 사람이었다. 그리고 나는 마치 남부 슬랭을 판독하는 인디애나 존스 같았다.

● 잡지 〈Southern Living〉의 칼럼 "The Northern Southerner: Bless My Heart?" 중에서 발췌

워싱턴주 출신 미국인 해나 놀링의 고백과도 같은 이 글을 읽으면서, 언어 공부의 그 끝은 어디일까라는 생각이 들었다. 그리고 이에 대해 아선생이 내린 결론은 "끝이 없다!"이다. 특히, 그것이 외국어라면 더더욱 그렇다! 그렇지만 끝이 없다는 것이 우리를 지치게 한다는 의미는 아니다. 새로운 표현 하나하나를 알아가는 과정을 즐길 수 있게 되면, 자신이 서 있는 자리가 어디인지 관계없이 재미를 느끼면서 공부할 수 있다. 그리고 몰랐던 것을 새로이 배우는 즐거움에 흠뻑 젖은 상태에서는, 끝이 보이지 않는 상황 때문에 우울해질 감정의 틈이 생기지 않는다. 무엇보다 중요한 것은, 어차피 인생은 과정으로 이루어져 있다는 사실이다. 과정이 즐거운 사람들은 목표를 언제 이루느냐와는 상관없이 오래 지속되는 행복감을 느끼면서 살아갈 수 있다. 그러니 영어 공부도 이런 표현 하나하나를 알아가는 재미를 느끼면서 최대한 그 과정을 즐기면서 해 보면 어떨까? 그러다 보면, 아무리 기나긴 여정이라 할지라도 지칠 일은 없을 테니 말이다.

미국인들이 영어를 발음하는 방식과 패턴

_전략적으로 공부하면 개떡 같은 소리도 찰떡같이
알아듣는다

아주 오래 전에 〈맛있는 청혼〉이라는, 요리사가 되고 싶어 하는 주인공 청년의 이야기를 그려 낸 드라마가 있었다. 그는 한번 먹어 본 맛은 절대로 잊어버리지 않는, 이른바 "절대 미각"을 가진 사람이었다. 그래서 그의 스승이 만들어 내는 요리를 모두 그 맛 그대로 만들어 내면서, 후에 중화요리 셰프로 대성하게 된다. 드라마에서 그의 훌륭한 미각은 스승이 만들어 낸 음식과 똑같은 맛이 나는 요리를 만들어 내는 데 절대적으로 필요한 요소이자 토대로 그려진다. 그런데 그 드라마를 보면서 아선생은 문득 궁금해졌다. 꼭 절대 미각을 타고 나야만 훌륭한 요리사가 될 수 있는 것일까? 솔직히 아선생은 세상의 유명한 요리사들이 모두 처음부터 이 드라마의 주인공처럼 절대 미각을 가지고 태어난 사람들이라고는 생각하지 않는다. 그럼에도 불구하고 좋은 요리를 만들어 내는 데 뛰어난 미각이 필수 요소라는 사실에는 동의한다. 하지만 아선생이 생각하기에 이보다 더 중요한 것은, 그런 뛰어난 미각역시 끊임없는 노력으로 어느 정도 만들어 갈 수 있다는 점에 있다. 그리고 이런 이치는 우리가 언어를 습득할 때에도 똑같이 적용된다.

분명 우리들 중 어떤 이들은 한번 들은 영어 발음은 절대로 잊지 않고 연습해서 그대로 재현해 내는 절대 미각 아니, 절대 청각을 가진 이들도 있을 테다. 그럼에도 불구하고 아선생이 아는 영어 잘하는 모든 사람들이 그런 절대 청각을 가지고 태어난 것 같지는 않다. 그래도 좋은 요리를 만들어 내는 데 뛰어난 미각이 필수 요소이듯이, 외국어 발음을 정확히 해내려면 일단 소리를 정확히 들을 수 있는 뛰어난 청각이 있어야 한다는 사실에는 대부분 동의할 것이다. 그렇다면 뛰어난 청각을 가지지 않은 사람들은 듣기와 발음 공부를 어떻게 해야 할까? 이런 경우, 아선생은 전략적인 접근 방식을 통해 연습하고 또 연습해서 영어 학습에 필요한 청각을 차근차근 만들어 가면 된다고 생각한다. 그리고 학계에서 검증된 전략적인 접근 방식을 이용해 학생들이 듣기 실력을 쉽게 향상시킬 수 있도록 독려하는 게 언어교육자의 역할이기도 하다.

많은 외국어 교육학자들은 듣기 실력을 향상시키는 전략적인 접근 방식의 하나로 해당 언어의 음성 텍스트spoken text가 지닌 특징을 분석하는 것이라고 말한다. 독해 실력을 향상시키기 위해 문자 텍스트written text를 분석해서 그 패턴을 파악하는 것과 마찬가지로, 듣기의 주 재료인 음성 텍스트의 패턴과 특성을 이해하면, 보다 쉽고 빠르게 듣기 실력을 향상시킬 수 있다. 그렇다면 음성 텍스트를 문자 텍스트와 굳이 구분 지어 따로 살펴봐야 하는 이유는 무엇일까? 그것은 사람들이 말할 때 모든 것을 문자 그대로 발음하지 않기 때문이다. 어느 나라 말이든, 사람들은 자기 모국어로 대화할 때는 발음을 용이하게 하기 위해 단어가 지닌 고유의 소리를 조금씩 변형해서 말한다. 예로, 다음 한국어 단어들을 발음해 보자.

신바람/눈동자/국밥/발바닥/갈증

보통의 한국인들은 위의 단어들을 글자 그대로 발음하지 않고, '신빠람/눈똥자/국빱/발빠닥/갈쯩'과 같이 말한다. 그 이유는 어떤 대단한 법칙이 있어서가 아니라 이렇게 발음하는 것이 더 쉽고 편하기 때문이다. 아선생 말을 못 믿으시겠다면, 위의 단어들을 모두 글자 그대로 한번 발음해 보시라! 한국어학자들은 이런 현상들을 모조리 분석해서 패턴화했는데, 이를테면 아선생이 앞에서 예로 든 단어들은 "경음화(된소리되기) 현상"으로 분류된다.

바로 이런 현상들 때문에 외국어를 공부할 때 듣기 실력이 읽기 실력보다 훨씬 더디게 향상되는 것이다. 그렇지만 우리가 해당 언어의 음성 텍스트가 가진 특징과 그 패턴을 알고 들으면, 이야기는 달라진다. 그렇게 되면, 누군가가 개떡같이 발음해도 나는 찰떡같이 알아듣는 능력까지 덩달아 생기게 된다. 아선생이 "전략적으로" 영어를 공부하자는 말을 반복해서 하는 이유가 바로 여기에 있다. 그러니 지금부터는 영어가 가진 음성 텍스트의 특징을 몇 가지 살펴보자.

외국어 듣기 교육 분야에서 다수의 책을 출간한 게리 벅_{Gary} _{Buck} 박사는 영어의 음성 텍스트가 가진 특징을 다음과 같이 정리했다.

첫째, 동화_{Assimilation} 현상이다.● 두 개의 소리가 인접해 있을 때, 서로 비슷한 소리가 되도록 발음을 바꾸어 말하는 것을 뜻한다. 이는 우리나라의 자음 동화 현상과 같은 맥락으로 이해하면 쉽다. 예를 들어, 한국어의 "입니다"를 우리는 왜 "임니다"로 발음하는지 생각해 보자. "입니다"라고 하는 것보다 "임니다"라고 발음하는 것이 훨씬 더 수월하고 편하기 때문이다. 그 이유는 [ㅂ]은 무성음이면서 예사소리인데 반해, [ㄴ]

● Buck, G. (2010). *Assessing Listening*. UK: Cambridge University Press.

은 유성음이면서 비음이기 때문이다. 그러니 완전히 다른 이 두 가지 소리를 함께 발음하는 것이 힘들고 거슬릴 수밖에 없다. 반면, [ㅁ]은 [ㄴ]과 똑같이 유성음이면서 비음이기 때문에, 이 둘을 함께 발음하는 것이 훨씬 더 쉽고 편하다. 이런 편함의 차이가 발음의 차이를 만든다. 그래서 한국인들은 [ㅂ]을 다음 소리인 [ㄴ]과 비슷한 [ㅁ]으로 바꿔서 [임니다]라고 말하는데, 이것이 그 유명한 자음 동화 현상이다. 그리고 이와 비슷한 현상은 우리가 공부하고 있는 영어의 세계에서도 흔하게 벌어진다.

한 예로, '10달러'를 의미하는 ten bucks를 많은 미국인들은 [tembucks]처럼 발음한다. 그 이유는 n이 치경음(혀끝과 잇몸이 닿아서 나는 소리)인데 반해, 그 다음 소리인 b는 양순음(양 입술을 이용해서 내는 소리)이라서 함께 발음하기가 다소 힘들기 때문이다. 그래서 이 n 소리를 b와 같은 양순음인 m으로 바꿔서 [tembucks]라고 하는 것이 네이티브 스피커들에게 훨씬 더 수월한 발음이 된다. 동화 현상의 다른 예로, his는 독자적으로 발음될 때는 [hiz]가 된다. 하지만 그 다음 소리가 s로 시작하는 경우에는 z를 이와 똑같은 s 소리로 바꿔서 발음한다. 그래서 his daughter에서는 [hiz]로 발음되는 반면, his son

에서는 [his]로 발음되는 것이다.

둘째, 음의 탈락 현상Elision이다.● 미국인들은 빠르게 말할 때 t와 d 음은 대부분 생략한다. 예를 들어, next day는 [nexday], sandwich는 [sanwich], grandmother는 [granmother]처럼 말이다. 구어체에서 자주 쓰이는 표현들은 빠르게 말하면서 아예 없어져 버리는 소리도 있다. kind of가 [kinda], sort of가 [sorta]로 발음되는 게 그 예다.

셋째, 영어에는 발음해야 하는 두 소리 사이에 다른 새로운 소리가 끼어드는 현상Intrusion도 있다. 벅은 영국 영어에서 이런 예로 far away를 든다.● 표준 영국 영어에서는 마지막 r이 발음되지 않기에 far는 독자적으로 [fa] 같이 발음된다. 그러나 영국인들이 far away를 말할 때는 이 r을 또 정확하게 발음한다. 이때 r 소리가 중간에 끼어들어야지 이 두 단어를 함께 발음하는 것이 수월하기 때문이다. 미국 영어의 경우, go on을 [gowon]처럼 발음하는 것이 그 대표적인 예다. 이때 w 소리가 끼어들면서 go와 on을 함께 발음하는 게 훨씬 수월해지기 때문에 이런 현상이 생기는 것이다.

● Buck, G. (2010). *Assessing Listening*. UK: Cambridge University Press.

벅은 이 밖에도 단어 강세나 억양 등의 운율적 특성[Prosodic features] 또한 의사 전달 시 상당한 의미를 내포하고 있다고 한다.● 같은 문장이라도 어느 단어에 강세를 주는지에 따라서 어떻게 의미가 달라지는가에 관해서는 아선생이 『미국 영어 문화 수업』의 「단어 강세가 중요한 이유」 편에서 이미 자세하게 다뤘으니 참고하시기 바란다.

그런데 벅이 소개한 영어 음성 텍스트의 특징에는 아선생이 중요하게 생각하는 특성이 한 가지 빠져 있다. 일단 그 특성을 잘 보여주는 일화로 이야기를 시작할까 한다. 아선생이 미국에 와서 처음으로 패스트푸드점이 아닌 제대로 된 레스토랑에 갔을 때 있었던 일이다. 한껏 차려입은 채 우아하게 스테이크를 칼질하는 상상을 하면서 음식 주문을 하고 있었다. 그때 스테이크와 함께 먹을 곁들임 요리[side dish]가 뭐냐고 묻는 아선생에게 웨이터가 말했다. "Super salad." 뭔놈의 샐러드가 얼마나 크면 그 이름이 super salad일까 싶었지만, 일단 샐러드도 좀 먹어야 하니, "Okay, thanks!"라고 했다. 그런데 웨이터가 또 다시 말했다. "Super salad." 뭔가 석연치 않아서 메뉴판을 다시 보니, 스테이크를 시키면 "Soup or salad[수프 또는 샐러드]" 중에서 하나가 함께 나온다는 내용이 있었

● Buck, G. (2010). *Assessing Listening*. UK: Cambridge University Press.

다. 그러니까 웨이터가 "Soup or salad?"라며 선택의문문으로 물어봤는데, 그게 아선생에게는 "Super salad."로 들렸던 것이다. 이유는 그가 빠르게 말하면서 soup과 or을 마치 한 단어처럼 붙여서 같이 발음했기 때문이다. 아차차! 그로부터 한참이 지나 응용언어학 시간에 배운 내용에 따르면, 언어교육학계에서는 이를 연결되는 발음Linking sound으로 분류한다. 아선생은 이 연결되는 발음 또한 듣기를 독해보다 어렵게 하는 주요 요소 중 하나라고 생각한다. 그래서 어떤 미국 영어 강사들은 듣기 시간에 이 부분을 중점적으로 다루기도 하는데, 이때 그들이 자주 사용하는 예문이 이것이다.

Is that mist or fog? 저게 박무니, 아니면 짙은 안개니?

위의 문장은 mist와 or가 연결되는 지점의 발음으로 인해 영어를 배우는 많은 학생들에게 다음과 같이 들린다고 한다.

Is that Mr. Fogg? 저 분이 포그 씨입니까?

두 단어 사이의 연결되는 발음으로 인해 듣기 이해도가 떨어질 수 있는 또 다른 예를 살펴보자. 아선생이 플로리다 주립대 영어 교육센터CIES (Center for Intensive English Studies)에서 초급 듣기 수업을 할 때 학생들에게 영화의 한 장면을 보여주면서 받아쓰기dictation를 시킨 적이 있다. 그때 아주 쉬운 문장을 많은 학생들이 못 알아들어서 난감했었는데, 바로 이 문장이다.

"Hold everything!"

아무리 초급반이라지만, 그래도 미국에서 생활하고 있는 학생들이 도대체 이 쉬운 문장을 왜 이해하지 못할까라고 생각하던 차에 어느 학생의 노트 필기가 보였다.

"Hole...deverything?"

이 역시 연결되는 부분의 발음이 살짝 달라지는 현상 때문에 쉬운 문장을 학생들이 알아듣지 못한 예다. 이걸 본 다음에 영화 장면을 다시 들어보니, 그 장면에서 해당 배우는 이 문장을 그 학생이 쓴 것처럼 정확히 "Hol-deverything!"처럼 발음했다. 사정이 이러하니, 어떤 문장이 들리지 않을 때에는 혹시 단어와 단어 사이의 연결되는 발음 중에서 잘못 들은 것이 없는지도 확인해 볼 필요가 있다.

지금까지 음성 텍스트의 특징이라는 다소 현학적인 느낌의 어휘를 사용했지만, 결국 이는 모두 원어민들이 영어를 발음하는 방식과 그 패턴에 관한 이야기였다. 이를 제대로 살피게 되면, 독해는 잘하면서 듣기 실력이 좀처럼 늘지 않는 이들의 귀를 시원하게 뚫어 주면서, 동시에 발음까지 향상시킬 수 있을 것이다.

발화 목적에 따라 달라지는
언어 사용 패턴

_Now open과 Open now는 다르다!

아선생은 『미국 영어 문화 수업』에서 화용론Pragmatics을 이해하고 잘 활용하면 듣기 이해 능력과 더불어 말하기 실력까지 향상시킬 수 있다고 언급했다. 여기서는 화용론을 그 주요 이론인 발화 이론Speech Acts을 중심으로 조금만 더 깊이 들어가보자. 일단, 화용론이란 단어를 처음 들어본 분들을 위해서 화용론이 무엇을 다루는 학문인지를 보여주는 재미있는 예로 시작해 볼까 한다. 다음 문장이 의미하는 바는 무엇일까?

Joseph saw the man with a magnifying glass.

이 문장은 다음과 같이 두 가지 해석이 가능하다.

1. 조셉은 그 남자를 돋보기로 보았다.
2. 조셉은 돋보기를 들고 있는 남자를 보았다.

너무 쉬운 것 같은가? 이제 좀 더 복잡한 예를 한번 보자. 세계인의 백과사전 인터넷 위키피디아Wikipedia 영문판을 보면 화용론을 다음 예문을 이용해 설명한다.

You have a green light.

이 문장은 여러 가지 의미로 해석될 수 있는데, 위키피디아는 그 몇 가지 예를 다음과 같이 제시한다.

1. 당신 주변이 녹색 조명이네요.

2. 당신은 녹색 신호를 통과하며 운전 중입니다.

3. (운전 중에) 신호등이 녹색불이니 가셔도 됩니다.

4. (운전하는 상황이 아닐 경우) 계획된 일을 계속 진행하시면 됩니다.

5. 당신 몸에서 녹색 불빛이 나오네요.

6. 당신에게 녹색 빛을 내는 전구가 있네요.●

그렇기 때문에 이렇게 다양한 의미로 해석될 수 있는 문장은 문맥을 알고 화자의 의도를 이해해야 비로소 해석이 가능하다. 이런 예를 통해서 우리가 깨닫게 되는 것은 언어, 이 경우에는 문장을 정확히 알아들으려면 단어와 문법뿐만 아니라 문맥에 대한 이해가 수반돼야 한다는 사실이다. 바로 이러한 점에 초점을 맞춰서 언어를 문맥과 함께 다루는 학문이 화용론이다. 화용론을 공부하면 원어민들이 하는 말을 정확하게

● https://en.wikipedia.org/wiki/Pragmatics#Ambiguity

알아듣는 데 큰 도움이 되기 때문에 언어교육학에서는 매우 중요하게 다루는 분야이다. 특히 우리나라처럼 "개떡같이 말해도 찰떡같이 알아들어야" 사회생활을 해 나갈 수 있는 고맥락 문화권의 언어를 공부할 때, 화용론은 더더욱 필수가 아닐까 싶다.

언어교육학에서 화용론을 다룰 때 가장 중요하게 여기는 개념은 발화 행위 이론이다. 존 셜은 그의 저서 『Speech Act Theory & Pragmatics』에서 발화 행위 이론의 기본 명제를 다음과 같이 정리한다.

"The theory of speech acts starts with the assumption that the minimal unit of human communication is not a sentence or other expression, but rather the performance of certain kind of acts, such as making statements, asking questions, giving orders, describing, explaining, apologizing, thanking, congratulating… 중략 …a speaker performs one or more of these acts by uttering a sentence or sentences."●

● Searle, J., Kiefer, F. & Bierwisch, M. (2012). *Speech Act Theory & Pragmatics*. Dordrecht, Netherlands: D. Reidel Publishing Company.

발화 행위 이론은 인간 의사소통의 최소 단위를 문장이나 표현이 아니라, 어떤 하나의 행위로 가정하는 데서 출발합니다. 이런 행위의 예로는 진술하기, 질문하기, 명령 내리기, 묘사하기, 설명하기, 사과하기, 감사하기, 축하하기 등이 있습니다. …중략… 화자는 이런 행위를 하나 혹은 여러 개의 문장을 말함으로써 행합니다.

한 마디로 이 이론에 따르면, 인간이 말을 한다는 것은 어떤 목적을 가진 하나의 행위로 봐야 한다는 것이다. "발화 행위"의 예로는 사과하기, 칭찬하기, 칭찬에 답하기, 인사하기, 감사하기, 초대하기, 거절하기, 협상하기, 다투기, 모욕하기, 불평하기, 정보를 주기, 유혹하기 등이 있다. 그렇기 때문에 화자가 자신이 하려는 행위를 성공적으로 수행하기 위해서는 상황과 문맥을 고려해서 그에 따른 적절한 문법, 단어, 그리고 어법을 선택해야 한다. 아름다운 여성을 유혹하려는 목적의 발화 행위를 하면서 그녀를 모욕하는 어법을 사용하면, 목적 달성은커녕 뺨을 맞게 될 테니 말이다.

바로 이런 이유 때문에 영국 더럼 대학Durham University에서 화용론과 언어교육학을 가르치는 피터 그런디Peter Grundy 교수는 우리가 말을 할 때는 언어적인 요소 외에 문맥까지 고려해야 한다고 주장한다. 그 이유는 우리가 말을 할 때는 문장 자체가 가지고 있는 글자 그대로의 뜻Literal sentence meanings보다 훨씬 더 많은 것을 전달하기 때문이라고 한다.● 이때 글자 그대로의 뜻에 다른 의미를 더하게 되는 요소에는 말을 하고 있는 시간과 장소, 혹은 억양, 단어 강세, 어순 같은 말을 하는 방식 등이 있다. 이는 청자의 입장에서도 마찬가지로, 이러한 것들을 모두 고려하면서 들어야 화자가 하려는 말의 의도를 정확하게 파악할 수 있다. 우리가 한국어로 말할 때와 마찬가지로, 미국인들 역시 같은 문장이라도 발화 행위의 목적에 따라서 다르게 말하기 때문이다. 예를 돕기 위해 아선생이 한국어 사례를 하나 들어보겠다.

아버지: 방이 완전히 돼지우리네. 너 방 청소 언제 했니?
아들: 알았어요. 청소하면 되잖아요!

문법적으로만 보자면 아버지가 한 말은 진술 하나와 질문 하나로 이루어져 있다. 그러나 이 아버지가 하고자 하는 발화 행위는 질문도 아니고 진술도 아니며, 오히려 청소를 하라는 "명령"에 가깝다고 볼 수 있다. 실제로 많은 사람들이 "청소

● Grundy, P. (2013). *Doing Pragmatics (3rd Edition)*. London and New York: Routledge.

해!"라고 직접적으로 명령문을 사용하는 대신 이런 간접적인 방식으로 명령한다. 아들의 대답을 보면, 아버지의 발화 행위 목적을 정확하게 이해했다는 걸 알 수 있다. 이때 아버지가 한 말의 마지막 문장이 의문문이라는 이유로 이를 "질문하는 행위"로 이해하고 "청소를 정확히 2주일 전에 했습니다."라고 답하는 한국인은 아마 많지 않을 것이다. 이렇게 문맥 속에서 화자가 하려는 발화 행위를 정확하게 이해하는 것은 의사소통에서 매우 중요한 기술이다.

흥미로운 사실은, 발화 행위에 따라 언어 사용이 조금씩 달라지는데, 그렇게 달라지는 언어 사용 속에서 일정한 패턴을 찾아볼 수가 있다는 것이다. 그런디 교수는 자신의 저서 『Doing Pragmatics』 전반에 걸쳐 영어 속 이런 패턴의 예를 다수 제시한다. 그중 아선생의 이목을 끈 것 몇 가지를 골라서 다음과 같이 정리해 봤다.

발화 목적이 "예의를 갖추면서 정중하게 하는 부탁"일 때, 사람들은 이런저런 단어와 표현을 장황하게 붙여 길게 말하는 의문문의 형태를 선호한다.

Could I just borrow a tiny bit of paper?●

아주 작은 종이 한 장만 빌릴 수 있을까요?

그런디 교수의 말처럼, 이런 발화 행위에는 언어의 경제성이 적용되지 않는다. 다시 말해, 같은 내용을 전달할 때 불필요한 말은 빼고 되도록 짧고 간결하게 전달하려는 우리들의 언어 사용 습성이 이 경우에는 나타나지 않는다는 말이다. 왜냐하면, 이런 경우는 경제나 효율성보다는 예의나 에티켓을 보여주겠다는 목적을 지닌 발화 행위이기 때문이다. 반면, 위의 문장과 궁극적으로는 같은 의미이지만, 예의를 차리겠다는 목적은 전혀 없는 발화 행위의 예를 그런디 교수는 다음과 같이 보여준다.

Give me a sheet of paper.● 종이 한 장만 줘.

군더더기를 뺀 간결한 이 문장은 앞의 문장보다 훨씬 더 경제적이고 효율적이며, 그런디 교수의 말처럼 "생산적productive" 이기까지 하다. 실제로 격식을 갖추기보다 효율성이 극대화되어야 하는 환경에서는 이런 문장이 선호된다. 그러나 우리

● Grundy, P. (2013). *Doing Pragmatics (3rd Edition)*. London and New York: Routledge.

인간은 빵만으로는 살 수 없다. 살다 보면 경제나 효율성보다 격식과 예의를 갖춰야 하는 상황에 놓일 때도 많다. 그럴 때는 발화 목적에 맞는 정확한 발화 행위를 해야 사회생활을 문제없이 영위해 갈 수가 있다. 자신의 발화 목적에 어긋나는 발화 행위로 인해 곤란에 처하게 된 사례를 아선생은 바로 얼마 전에도 목격했다. 플로리다 주립대 영어 교육센터CIES의 어느 학생이 센터장인 케널 박사에게 자신의 학업 계획서를 봐 달라고 부탁하면서 다음과 같이 말했다.

"I wrote my statement of purpose to apply to FSU, and I want you to look at it and give me your feedback if possible."
플로리다 주립대에 지원하려고 제가 학업 계획서를 썼는데, 가능하면 교수님이 보고 나한테 피드백을 주기 원합니다.

군더더기 없이 깔끔하고 경제적이며 문법적으로도 완벽한 문장이다. 그러나 자기 교수님에게 개인적인 일을 부탁하는 발화 행위의 목적에는 "부탁하기"와 동시에 "격식 갖추기"도 포함되어 있다. 그런 점을 감안하고 다시 보면, 앞의 글은 무례하기 짝이 없는 문장이다. 미국인 학생이 이렇게 말했다면 불쾌했겠지만, 평생을 국제 유학생들을 지도해 온 케널 박사는 그의 문장에서 어떤 점이 잘못되었는지를 찬찬히 지적하면서 다음과 같이 고쳐 주었다.

"I know that you are very busy, but I wanted to know if you could do me a favor. Could you please look over my Statement of Purpose that I have written for my application to the Master's program in computer science here at FSU? I would really appreciate your feedback, and I know it would make my SOP stronger. If you do not have time to review it, that is ok!"

교수님께서 매우 바쁘시다는 건 알지만, 저를 좀 도와주실 수 있는지 여쭙고 싶습니다. 제가 플로리다 주립대학교 컴퓨터 공학 석사 과정에 지원하려고 작성한 학업 계획서를 좀 봐 주시겠어요? 교수님께서 보시고 피드백을 주신다면 정말로 감사하겠습니다. 교수님께서 피드백을 주시면 제 학업 계획서가 더 멋지게 될 거라는 것을 아니까요. 혹시 봐 주실 시간이 없으시더라도 괜찮습니다.

언어의 경제성과는 거리가 멀어도 한참 멀지만, 부탁받는 교수님 기분 상하지 않게 예의를 갖추고 부탁을 하려는 목적에 충분히 부합하는 발화 행위다. 왜냐하면, "명령"을 하는 행위가 아니라 "정중한 부탁"을 하는 행위라는 것을 명확하게 보여주는 표현으로 가득 차 있기 때문이다.

더불어 그런디 교수는 영미인들이 대체적으로 단도직입적이고 직설적인 진술의 발화 행위를 하는 걸 꺼려한다는 점도 지적한다. 그가 제시하는 단도직입적이고 직설적인 문장의 예는 다음과 같다.

"Cigarettes are bad for you."● 담배는 너한테 나빠.

이렇게 당연한 사실조차도 영미인들은 상대방 기분을 상하지 않게 하려는 목적과 함께 전달하려고 하는데, 그때 사용할 수 있는 언어적 도구가 바로 헤지Hedge다. 이는 '울타리'라는 뜻의 단어인데, 화자가 여러 가지 이유로 100% 확신에 찬 단언을 하기 꺼려질 때 사용하는 언어적 장치를 말한다. 단언하는 메시지 주변에 살짝 울타리를 쳐서 문장을 좀 더 부드럽게 만

● Grundy, P. (2013). *Doing Pragmatics (3rd Edition)*. London and New York: Routledge.

든다고 생각하면 이해하기 쉽다. 그런디 교수는 앞의 문장에 헤지를 사용한 예를 다음과 같이 보여준다.

All I know is, cigarettes are bad for you.
내가 아는 거라곤 담배가 건강에 해롭다는 거야.
They say cigarettes are bad for you.●
사람들이 담배가 건강에 해롭다고들 하잖아.

이 또한 언어의 경제성보다는 상대방의 기분을 배려한 화법이다. 물론 상대가 무례하고 안하무인으로 나올 경우에는 이런 언어적 장치를 쓸 필요가 전혀 없다. 어느 영화 제목처럼, 예의 없는 것들에게는 무례할 목적을 충분히 달성할 수 있는 발화 행위를 수행하면 된다. 그렇지만 하고자 하는 말을 충분히 전달하면서도 상대를 배려하려는 목적의 발화 행위를 하려면 이런 종류의 헤지를 적극 활용할 필요가 있다.

그런디 교수는 발화 목적에 따라 어순이 달라지는 패턴도 있다고 한다. 그 예가 now open과 open now●이다. 가게가 새로 개업하면서 이제 장사하기 시작한다는 의미로 말할 때,

● Grundy, P. (2013). *Doing Pragmatics (3rd Edition)*. London and New York: Routledge.

원어민들은 now open의 어순으로 말하는 경향이 강하다고 한다. 이 경우, 발화의 목적은 "광고"라고 볼 수 있다. 반면, 이미 있는 가게가 지금 문을 열었는지, 다시 말해 현재 영업 시간인지에 대한 "정보"를 주는 발화 목적을 띨 때는 open now의 어순이 선호된다고 한다. 이와 더불어 그런디 교수는 문장이 가진 문자 그대로의 의미와 발화 목적이 달라 보이는 사례도 다수 소개한다. 그는 이런 현상을 간접적인 발화 행위 Indirect Speech Acts로 분류한다.

"Who cares?"●

문자 그대로는 의문문으로, 누군가 신경을 쓰는데care, 그게 누구인지를 묻는 문장으로 해석될 수 있다. 그러나 원어민들은 주로 "아무도 신경 쓰지 않아!"라고 단언하는 발화 행위를 할 때, 이 의문문을 쓴다.

"Who likes fish?"●

이 문장의 경우도, 말 그대로 누군가 생선을 좋아하는 이가

● Grundy, P. (2013). *Doing Pragmatics (3rd Edition)*. London and New York: Routledge.

있는데 그게 누구인지 묻는 발화 행위를 할 때 쓰일 수도 있다. 그러나 "Who cares?"와 마찬가지로 "아무도 생선을 좋아하지 않아No one likes fish!"라고 단정 짓는 발화 행위를 할 때도 많은 이들이 이 의문문을 사용한다.

이렇기 때문에 외국어를 공부할 때 사과하기, 칭찬하기, 예의 바르게 부탁하기 등 그 나라 사람들의 여러 가지 발화 행위에 따른 언어 사용 패턴을 익혀 두면, 듣기와 더불어 말할 때 정확한 의사 전달을 하는 데 상당한 도움이 된다. 반대로 이런 것들을 전혀 고려하지 않고 아무렇게나 말하게 되면, 미국인들에게 내 의도와는 다르게 전달될 수 있는 요인들이 여기저기 지뢰처럼 숨어 있게 된다. 아무리 문법과 발음이 정확한 문장이라 하더라도 말이다. 즉, 우리가 영어로 말할 때 미국인들 고유의 언어 사용 패턴과 다르게 말하면, 우리가 하고자 하는 발화 행위의 목적을 성공적으로 달성하지 못할 가능성이 항시 도사리고 있다는 말이다. 그러니 영어로 문맥과 상황에 맞는 적절한 문장을 말하기 위해서, 이제는 각 발화 행위에 따른 미국인들의 언어 사용 패턴을 세심하게 살펴보면서 하나씩 알아가도록 하자. 이런 것들은 미국인들의 대화를 들어보면서 직접 찾아내야 진정한 자기 것이 된다. 그러니 앞으로는 미국 영화나 드라마를 볼 때 앞에서 언급한 각각의 발화 행위를 미국인들이 어떻게 수행해 내는지에도 주목해 보자. 그렇게 한국인의 발화 행위 패턴과 다른 점을 구체적으로 하나하나 알아내서 인지하게 될 때마다, 좀 더 원어민에 가까운 영어를 구사할 수 있게 될 것이다.

2부

미국 문화를 알면

영어가 들린다

언어 해석에 개입하는 비언어적인 요소들

_ 똑같은 말을 서로 다르게 해석하는 이유

고려대학교 노어노문학과 석영중 교수는 공저로 쓴 『어떻게 살 것인가』에서 톨스토이는 인간의 삶에서 소통의 중요성을 역설했다고 했다. 톨스토이가 의미 있는 삶을 살기 위해 사람과 사람 사이의 소통을 무엇보다 중요하게 생각했다는 것이 꽤 인상적이었다. 그렇지만 솔직히 아선생의 이목을 끈 것은 이 책의 바로 그 다음 대목이다.

그러나 톨스토이는 아무리 생각해도 언어는 소통의 적절한 도구가 아니라는 결론에 도달합니다. 그는 "언어는 많은 경우에 거짓"이라는 말까지 서슴지 않습니다. 그래서 그는 90권이나 되는 소설을 썼음에도 불구하고 언어의 한계를 절감합니다.●
『어떻게 살 것인가: 세상이 묻고 인문학이 답하다』 중에서

석영중 교수의 말대로 90권이나 되는 책을 집필한 톨스토이가 사람과 사람이 소통하는 데 있어 언어의 한계를 절감했다고 하니, 이는 언어 공부하는 걸 업으로 삼고 있는 아선생에게 커다란 화두를 던져 주었다.
내가 사유하는 언어로 나의 정체성을 규정하며, 언어로 인한 모든 것을 업으로 삼고 살아가는 아선생에게, 이런 톨스토이

● 고은, 김상근, 석영중 외 (2015) 「어떻게 살 것인가 - 세상이 묻고 인문학이 답하다」 21세기북스

의 주장이 솔직히 금세 이해되지는 않았다. 더군다나 나는 의사소통 시 직접적으로 오가는 말explicit verbal messages을 가장 중시하는 저맥락 문화권●인 미국 사회에서 살고 있지 않은가! 그렇지만 대문호 톨스토이가 세상에 던진 이 화두는, 아선생에게 사람과 사람이 소통할 때 언어의 한계가 존재할 수밖에 없는 구체적인 이유가 무엇인지를 살펴보게 되는 계기를 만들어 주었다. 그 결과, 언어교육자의 관점에서 생각해 본 의사소통 시 언어의 한계를 만들어 내는 요인은 다음과 같다. 같은 언어를 사용하는 사람들끼리라도 서로 경험이 다르고 가치관이 다르면 똑같은 말(문장)을 전혀 다르게 해석할 수 있다. 즉, 화자와 청자가 서로 다른 성장 배경과 교육으로 인해 각자의 배경지식과 관점에 공통분모가 별로 없다면, 같은 문장을 달리 해석해서 오해하는 일은 얼마든지 일어날 수 있다는 말이다. 이를 보여주는 사례로 아선생이 겪은 일화를 하나 소개할까 한다.

아선생은 한국에 갈 때마다 만나는 친구들 중 남사친(남자 사람 친구)이 두 명 있다. 둘 다 고등학교 때 같은 반이었던, 성별은 다르지만 그야말로 허물없는 소중한 친구들이다. 그런데 한

● 저맥락 문화Low Context Culture권에서는 정황이나 문맥보다는 직접적으로 오고 가는 말explicit verbal messages을 훨씬 더 중요하게 여기기 때문에, 의사소통할 때 화자에게 명확하고 논리적이며 설득력 있게 자신의 메시지를 전달할 것이 요구된다. 직접적으로 오가는 말보다 주변 문맥과 맥락이 상대적으로 더 큰 역할을 하는 고맥락 문화High Context Culture와 대비되는 개념이다.
『미국 영어 문화 수업』 중에서

몇 해 전쯤 한국에 갔을 때, 이 녀석들이 갑자기 전과는 달리 다소 가부장적인 태도를 보여서 내심 실망스러웠던 적이 있다. 그토록 생각이 잘 통하던 학창 시절 친구들이 세월이 흐르면서 서서히 변해 간다는 사실에 조금 서글펐다. 그해 다시 미국으로 돌아와서, 또래의 어느 한국인 박사 과정 유학생과 이런저런 담소를 나누다 그냥 지나가는 말처럼 이야기했다.

"그 친구들이 변한 것 같아서 좀 씁쓸했어요."

그런데 그런 아선생 말에 그녀가 대뜸 한 말이 이렇다.

"왜요? 치근덕거리던가요?"

너무나 황당해서 말이 안 나오는 순간이었다! 내 오랜 친구들에 대해 "그 친구들이 변한 것 같아서 좀 씁쓸했어요."라고 말한 문장을 그녀가 그런 식으로 해석했다는 사실에 그야말로 어이가 없었다. 그러나 곰곰이 생각해 보니 그 사람이 이 간단한 문장을 화자인 아선생의 의도와는 너무도 다르게 해석한 이유를 알 수 있었다. 그녀에게는 아선생과는 사뭇 다른 성장 배경과 경험이 있었고, 그로 인해 전혀 다른 가치관을 가진 사람이기 때문이었다. 후에 알게 된 사실이지만, 그녀에게는 남사친이 단 한 사람도 없다고 한다. 그런 자신의 경험으로, 40이 넘도록 남자와 여자는 절대로 친구가 될 수 없다고 믿는 그녀의 가치관 때문에 그 사람은 아선생이 오랜 남사친들에 대해 말한 "친구들이 변한 것 같다"라는 문장을 그런 식으로 해석하게 된 것이다.

이런 사태가 벌어진 또 다른 이유는 그녀는 아선생의 친구들이 어떤 사람들인지 전혀 모른다는 점에도 있다. 그 녀석들이 학창시절부터 지금까지 어떤 삶을 살아왔는지를 너무도 잘 알고 있는 나와는 달리 말이다. 그들은 사회에서는 다른 이들을 존중할 줄 아는 선량한 사람들이며, 집에서는 좋은 남편이자 훌륭한 아빠다. 그렇지만, 내 친구들이 어떤 사람들인지 그녀로서는 알 방법이 없었을 것이다. 그러니 이 화제 즉, 아선생의 친구들에 대해 그녀가 알고 있는 배경지식은 거의 전무하다.

이런 분석을 통해서 우리가 깨닫게 되는 것은, 언어로 이루어진 문장을 이해하는 과정에서 비언어적인 요소들이 이토록 크게 개입할 수도 있다는 사실이다. 그러나 우리 대부분은 일상생활에서 이를 인지하지 못한 채 살아가고 있다. 때문에 서로 오해를 하고도 어떻게 풀어야 할지 모른다. 그래서 아선생은 다른 사람의 말을 이해하지 못하거나 오해하는 사건을 일으키는 주된 원인이 단어나 문장 같은 언어 그 자체보다는 이런 비언어적인 요소일 때가 더 많다고 생각한다. 좌우지간 아 선생이 겪은 이 일화를 요약하자면, 개인의 경험치와 그로 인한 가치관, 그리고 이야기 소재에 대해 화자와 청자가 가진 배경지식 차이가 내 말에 대한 상대방의 오해를 불러일으킨 주요 요인이라고 볼 수 있다. 같은 문화권에 속해 같은 언어를 쓰는 사람들끼리도 종종 이런 상황이 벌어지는데, 하물며 다른 나라에서 다른 언어를 쓰며 자란 사람들과 소통할 때는 어떻겠는가? 그러니 이는 영어를 포함한 외국어를 공부하는 모든 사람들이 반드시 깊게 성찰해 봐야 할 문제다.

그렇기 때문에 외국어로 의사소통할 때 이런 오해를 방지하기 위한 해결책은, 결국 그 나라의 문화를 깊이 있게 공부해서 이해하는 것이다. 왜냐하면 한 사람이 가진 배경지식과 경험치, 그 결과로 갖게 되는 가치관 등은 모두 그가 속해 있는 문화권 내에서 형성되기 때문이다. 이를 염두에 두고, 지금부터는 미국인과 한국인 사이에서 같은 말을 다르게 해석하고 받아들여 오해한 사례도 짚어 보자.

10년 전쯤, 플로리다 주립대 영어 교육센터CIES에 박사 과정 공부하는 아내를 뒷바라지하려고 아내를 따라 미국에 온 한국 남자가 있었다. 그는 학문에는 별 뜻이 없어 어학원에서 영어를 공부하고 아이를 돌보면서 박사 과정 공부하는 아내를 도우러 왔다고 했다. 아선생 또래 한국인 부부 중에서 그 반대의 경우는 많이 봐 왔지만, 사실 이런 경우는 굉장히 드물다. 그래서 아선생은 이 사실 하나만으로도 그가 얼마나 자기 아내를 아끼고 존중하는 사람인지 짐작할 수 있었다.

그런데 문제는 그가 CIES의 수업 시간에 자기 아내에 대한 이런저런 사소한 불만을 농담의 소재로 사용했다는 점이다. 사실 그 수업을 들은 한국인 학생들과 아선생은 그가 하는 그런 말이 100% 농담이라는 걸 잘 알고 있었다. 지금 생각해 보니, 그때 우리가 그 사람 말을 곧이곧대로 받아들이지 않았던 이유는 다음과 같다. 첫째, 우리는 그가 아내의 학업을 돕기 위해 미국에 왔다는 사실을 알고 있었다. 즉, 남편으로서 그가 자기 아내에게 기본적으로 어떤 태도를 가지고 있는 사람인지 배경지식이 있었다는 말이다. 그런 배경지식으로 인해 그가 말은 그렇게 해도, 진심은 아내를 사랑하는 것이라고 생각했던 것이다. 둘째, 우리는 아내나 자식 자랑하는 사람을 "팔불출"로 여기는 한국의 문화 패턴에 매우 익숙한 사람들이었다. 그런 한국 사회의 분위기 또한 그가 아내 이야기를 할 때 자랑보다는 그런 식의 다소 불평 섞인 농담을 하도록 유도했을 가능성이 크다. 요약하자면, 우리가 그의 농담을 해석할 때, 그가 직접적으로 말한 문장의 내용이나 단어 선택보다는, 그의 가정사에 관한 우리의 배경지식과 한국 문화 권 내의 공통된 관점Shared View과 공통된 소통 방식Shared Patterns - Communication Patterns이 더 크게 작용했던 것이다. 우리들의 이런 해석에는 한국이 언어보다는 상황과 맥락이 의사소통에 더 중요한 역할을 하는 고맥락 문화권●이라는 사실 또한 작용했을 테다.

그러나 똑같은 농담을 들었던 미국인 동료 강사 두 사람은 우리와는 전혀 다르게 해석하여 혼란스러워했다. 그들은 그 사람의 결혼 생활에 심각한 문제가 있는 것이 아니냐면서 걱정하기까지 했다. 이 두 미국인들은 모두 일단 그의 가정사에 대한 배경지식이 없었다. 다시 말해, 그가 아내가 공부하는 걸 도와주러 미국까지 따라 온 남자라는 사실을 모르고 있었다. 게다가 아내 자랑하는 사람을 "팔불출"로 여기는 한국 문

● 고맥락 문화High Context Culture란, 사람들이 의사소통할 때 직접적으로 오가는 말보다 주변 문맥과 맥락이 상대적으로 더 큰 역할을 하는 문화를 말한다. 주변 문맥과 맥락의 구체적인 예로는 화자와 청자의 사회적 지위나 역할, 성, 나이, 그리고 어떤 상황이나 사건의 배경에 대한 정보, 또는 비언어적인 단서 등이 있다. 『미국 영어 문화 수업』 중에서

화와는 달리, 미국에서는 아내 험담을 하는 것보다는 자신을 낮추면서 아내 자랑을 하는 것이 훨씬 더 일반적인 대화 패턴이다. 속으로는 어떻게 생각하든 말이다! 물론 아주 친한 친구들끼리 어떤 특수한 상황에서는 충분히 솔직하게 말할 수도 있는 일일 테다. 그러나 수업을 듣는 강의실과 같은 공적인 자리에서 아내에 대해 부정적인 말을 지속적으로 하는 사람은 거의 없다. 이혼 직전의 부부라면 또 모를까! 어쨌든 미국에서 이런 커뮤니케이션 패턴은 매우 드물다는 말이다. 게다가 결정적으로 미국은 의사소통 시 정황이나 맥락보다는 직접적으로 오가는 말에 훨씬 더 무게가 실리는 저맥락 문화권이 아닌가! 이런 사람들에게 개떡같이 말해 놓고 찰떡같이 알아들을 거라고 기대하는 것은 무리다.

이렇게 똑같은 말이나 문장을 화자의 의도와는 완전히 다른 방식으로 받아들이는 사례는 반대로 미국인이 한국어를 배울 때도 목격할 수 있다. 몇 년 전 아선생이 미국인들에게 한국어를 가르칠 때 있었던 일이다. 그때 아선생에게 한국어를 배우는 미국인 학생의 엄마가 한국인이었는데, 자기 엄마가 좋아하는 노래라며 이용 씨의 〈잊혀진 계절〉 가사를 가르쳐 달라고 했다. 그런데 이 노래의 첫 소절을 가르치기 시작하자마자 나머지 학생들이 키득거리며 웃어서 더 이상 수업을 진행할 수 없는 상태가 되었다.

♬지금도 기억하고 있어요. 시월의 마지막 밤을.

이 곡이 가진 쓸쓸하고도 서정적인 느낌을 살려 가면서 가사의 문법과 어순을 차근차근 분석해서 열심히 설명하고 있던 아선생은, 학생들의 진지하지 못한 태도에 약간 짜증이 나서 이렇게 말했다.

"What are you guys giggling about?"
대체 뭣 때문에 그렇게들 키득거리는 거니?

하지만 학생들의 설명을 듣고 나니 그들이 웃은 이유를 충분히 납득할 수 있었다. 미국에서 해마다 시월의 마지막 밤에 무슨 일이 벌어지는가? 바로 핼러윈 파티다. 때문에 "지금도 기억하고 있어요. 시월의 마지막 밤을."이라는 가사는 그 학생들에게 엄청나게 우스꽝스러운 분장을 하고 핼로윈 파티에

왔던 그들의 친구를 떠올리게 했던 것이다. 매년 "시월의 마지막 밤"마다 이런 경험을 반복해서 했던 그 미국인 학생들에게 이 노래 속 "시월의 마지막 밤"이라는 표현이 지닌 쓸쓸하고도 서정적인 정서가 고스란히 와 닿기는 쉽지 않았던 모양이다. 이렇게 특정 단어나 문장과 관련된 우리의 경험은 그 단어에 대해 가지는 우리의 정서를 형성하기도 한다.

우리들 각자에게 있는 배경지식과 경험치에 따라 어떤 단어나 표현과 관련해 우리가 갖게 되는 정서가 형성된다는 사실은 문화와 관련된 또 다른 생각할 거리를 던져 준다. 그것은 같은 경험을 공유한 국가나 집단의 구성원들이 특정 단어와 관련해 어떤 특정 정서를 가질 수도 있음을 의미하기 때문이다. 쉬운 예로, "친일파"라는 단어를 떠올려 보자. 이 단어는 사전적으로는 '일본과 친하게 지내는 무리'라는 뜻이 있을 뿐이다. 그러나 대부분의 평범한 한국인들이 이 단어에 가지고 있는 정서는 어떤가? 많은 이들은 이 단어를 들으면 울컥하기도 하고 분노하기도 한다. 그래서 실제로 친일파의 후손인 사람들조차도 자신의 조부모가 친일파였다는 사실을 부정하는 것이다. 이렇게 "친일파"라는 단어가 대부분의 한국인들에게 부정적인 감정을 불러일으키는 이유는 이 단어가 가진 사전적인 의미 때문이 아니다. 그것은 우리 역사에서 "친일파"라고 불렸던 사람들로 인해 많은 한국인들이 함께 겪었던 끔찍한 일들과 그로 인해 갖게 된 이들 집단에 대한 공통된 관점에서 비롯되었다고 볼 수 있다.

비단 우리뿐만 아니라, 세계 어느 나라든 역사 속에서 그들이 겪은 비극이 있고, 이런 사례는 미국에서도 찾을 수 있다. 아 선생은 미국 영어에서 이런 단어의 예로 Plantation을 들고 싶다. Plantation은 사전적인 의미로만 보면 '대규모 농장'을 뜻하는 말이다. 일례로 하와이의 Pineapple Plantation 파인애플 농장은 아주 유명한 관광지다. 하지만 미국 역사 속으로 들어가 보면 이야기는 달라진다. 1700년대와 1800년대 미국 남부의 Plantation에서 어떤 일들이 벌어졌는가? 바로 흑인 노예 착취이다. 그 당시 Plantation에서 흑인들에게 가해진 무자비한 인권 유린! 미국 흑인들과 진보적인 백인들은 이 단어를 들으면 미국의 이런 흑역사와 그 속에서 벌어진 끔찍한 인종 차별의 장면 장면들을 떠올린다. 언젠가 시애틀 출신인 미국인 친구가 "그래도 플로리다주는 다른 남부 주들과는 달리

노예 제도가 없었다지?"라고 묻자, 플로리다 출신인 내 친구
가 대답했다.

"이 일대가 Plantation이었다는 사실을 넌 몰랐니?"
이렇게 Plantation은 미국 역사 속 흑인 노예 제도와 아주 밀
접하게 연결된 단어다. 그러니 미국 흑인들이 이 단어에 가지
고 있는 정서가 어떨지 우리는 쉽게 짐작해 볼 수 있다.

그런데 문제는 미국 남부 시골 출신의 보수적인 백인들은 이
단어에 흑인들과는 완전히 다른 정서를 가지고 있다는 사실
이다. 따사로운 미국 남부의 햇살 아래 무엇이든 대량으로 생
산해 내는 풍요로운 들판, 순박한 농부들의 해맑은 웃음, 그
리고 그 속에서 뛰놀던 자신들의 행복했던 어린 시절. 미국
남부의 시골 출신 백인들에게 Plantation이란 이런 따스함과
포근함을 간직한 단어다. 이들이 Plantation 안팎에서 경험
한 삶은 당시 흑인들의 그것과는 완전히 달랐을 테니 말이다.
그러니 이 단어에 이들이 가지고 있는 정서는 흑인들의 그것
과 당연히 같을 수가 없다. 바로 이런 이유로 돈 많은 백인들
이 남부에 지은 아파트 이름 중에는 "Plantation 아파트"가
꽤 있다. 아선생이 살고 있는 이 작은 도시에만 Plantation

이름이 붙은 아파트가 3개나 된다. 물론 이런 백인들은 이 단어를 끔찍한 노예 제도와 연관 지어 생각하지 않으니까 아파트 이름으로까지 지었을 것이다. 하지만 흑인들과 북부나 서부 출신 백인들의 생각은 그렇지가 않다. 아선생의 동료이자 캘리포니아주 출신 백인인 데보라 씨는 이런 아파트 이름을 짓는 남부 백인들이 제정신이 아니라며 매우 강도 높게 비판, 아니 비난했다. 진보적인 방송사로 알려진 CNN의 한 앵커 또한 이에 대해 다음과 같이 언급한 적이 있다.

"대체 Plantation이라는 이름의 아파트에 사는 아프리카계 미국인들은 매일 어떤 기분으로 집에 들어가는지 정말 궁금하네요."

아선생의 수업 시간에도 이것을 놓고 토론한 적이 있는데, 필라델피아 출신의 흑인 남학생 토마스는 그것이 충격적이며 불쾌하다고까지 말했다. 하지만 온화한 성격의 흑인 여학생 마리사는 그 단어를 노예 제도와 연관 지어 생각하면서 괜스레 분노하고 싶지는 않다고 했다. 아선생은 그것이 그녀의 진심인지 궁금하여 다소 짓궂게 물었다.

"Really? You don't mind living there?"
정말 그래요? 그럼 그 아파트에서 사는 것도 괜찮아요?

그제야 마리사는 냉큼 자신의 솔직한 생각을 드러냈다.

"Of course, I don't wanna live there!"
물론 거기서 살긴 싫죠!

정말로 마리사가 그 이름을 노예 제도와 연관 지어 생각하지 않는다면, 당연히 그 아파트에 살기는 싫다며 그토록 즉각적으로 반응하지는 않았을 테다. 그러니 흑인들이나 진보적인 백인들의 이런 정서는 전혀 고려하지 않고 순전히 자신의 경험과 관점만으로 지은 이 아파트 이름 때문에, 그 회사 사장은 다양한 고객들을 유치하는 데 실패했을 가능성이 크다. 혹자는 흑인들에게는 세를 안 주려고 그 아파트 주인이 의도적으로 그런 이름을 지은 건 아닌지 의문을 품을 수도 있을 것이다. 그러나 그건 지금의 미국 사회를 전혀 모르고 하는 소리다. 뉴욕 같은 대도시를 제외하고, 미국 중산층 이상의 백인들은 아파트보다 뜰이 있는 주택을 선호한다. 때문에 물가가 싼 중소도시에 아파트를 지어 임대업을 하게 되면 저소득층 흑인들이 주요 고객이 될 수밖에 없다. 그러니 그런 사업을 하면서 흑인 고객은 받기 싫다는 것은 채소를 팔면서 채식주의자 손님은 안 받고 싶다는 것과 같은 발상이라고 볼 수 있다. 게다가 지금 미국 사회에서 자주 들을 수 있는 이디엄이 "Money is green돈은 녹색이다."인데, 이 말은 흑인이든 백인이든 동양인이든 돈만 벌 수 있다면 피부색과 인종을 가리지 않겠다는 현대 미국인들의 비즈니스 마인드를 잘 보여준다. 결론은, 다른 문화권 사람들과 비즈니스를 할 때는 그들의 기초적인 역사를 포함한 문화를 이해하는 것이 때로 큰 도움이 된다는 사실이다. 최소한 단어 하나 잘못 써서 그들 정서 속 민감한 부분을 건드리는 실수는 피해야 할 것이 아닌가? 이를 2002년 한일 월드컵 당시 한국 국가대표 팀을 맡았던 거스 히딩크 감독도 잘 알고 있었던 듯하다. 그가 한국에 와서 가장 먼저 한 일이 한국 역사책을 읽은 것이라는 사실은 매우 잘 알려진 일화다. 결국 한국 사람과든 미국 사람과든 의사소통을 시도할 때 언어가 가진 한계를 극복하는 방법은, 상대의 경험치, 배경지식, 그로 인한 가치관을 깊이 이해하고 공감하려는 태도에서부터 시작될 것이다.

유행어로 알아보는 미국 사회의 차별 유형 1

_흑인인 상태로 운전하기|Driving While Black

한동안 어느 개그 프로그램에서 〈나를 술-푸게 하는 세상〉이라는 코너가 인기였다. 그때 탄생한 유행어가 바로 "1등만 기억하는 더~러운 세상!"이다. 언젠가 한국을 방문했을 때 고등학교 친구들과 술을 마시다가 이 유행어를 듣고서 한참을 웃었던 기억이 난다. 그저 웃기기만 한 것이 아니라 너무 공감이 돼서, 아선생도 그 개그맨의 억양을 그대로 흉내 내면서 똑같이 말해 보곤 했다. 이 말이 후에 어느 책 제목●으로까지 쓰였다는 사실은, 이 유행어가 시사하는 한국 사회의 문제점에 아선생처럼 공감하는 이들이 적지 않다는 것을 보여준다. 이 유행어가 말해 주듯이, 모든 이들에게 서열을 매겨야만 직성이 풀리는 사람, 그리고 최고가 아니면 절대로 인정하거나 존중해 주지 않겠다는 태도를 지닌 사람을 아선생은 한국 사회에서 꽤나 자주 겪었던 것 같다. 그렇지만 동시에 이런 말이 유행어가 되었다는 사실은, 우리 중 이런 현상에 문제의식을 느끼거나, 혹은 적어도 이런 분위기에 피로감을 느끼는 이들 또한 다수 존재한다는 뜻일 테다. 아선생 역시 이 유행어를 들었을 때 깔깔거리며 웃었지만 그 뒤에 쓴 여운이 남았던 이유는, 이 유행어를 들으면 아무것도 가진 게 없었던 20대의 내가 미국 유학을 준비하던 시절이 떠오르기 때문이다.

● 노회찬, 앤디 비클바움 외 (2010) 「1등만 기억하는 더러운 세상」 한겨레출판

20대 후반, 누구 표현대로라면 "멀쩡하게" 잘 다니던 회사에 사표를 던지고 미국 유학을 준비하기 시작했다. 그때 친구들에게서 따뜻한 격려를 받기도 했지만, 몇몇 친척들은 내 유학 결정을 매우 못마땅해하셨다. 그들에게 유학 결정에 대한 이런저런 부정적이고도 냉소적인 코멘트를 직간접적으로 들으면서, 때로는 피가 섞인 이들이 남보다 못할 수도 있다는 사실을 깨닫는 계기가 되기도 했다. 그렇지만 어차피 그들이 내 삶을 대신 살아 줄 것도 아닐 테니, 나는 개의치 않고 강남 학원가에서 시간 강사 일을 하면서 차근차근 유학 준비를 해 나갔다. 다행히 토플과 미국 대학원 입학시험인 GRE_{Graduate Record Examination}는 단번에 통과했지만, 당시 집안 상황이 좋지 않아 경제적으로 넉넉지 못한 상황에서 힘들게 유학 생활을 시작했다. 동생과 어머니의 아낌없는 지원과 무한한 지지가 없었다면 그것은 내 인생에서 결코 일어날 수 없는 일이었을 것이다.

그렇게 힘겹게 준비해서 한국을 떠난 후, 어느 친척 분께서 이런 말씀을 하셨다고 한다.
"아영이는 그냥 시집이나 가지, 뭐 한다고 유학을 갔노?"

그러자 언제나 내 편이던 이모께서 그분에게 말씀하셨다.

"지금 즈그 아빠 사업도 자꾸 더 힘들어지는데, 지도 공부해서 빨리 좋은 직장을 잡아야 안 되겠나?"

이렇게 온전하게 내 편이 되어 말씀해 주신 이모에게 그분이 하신 말씀은 이랬다.

"말도 안 되는 소리 집어 치워라! 서울대 영문과니 연대 영문과니 날고 기는 애들이 천지인데, 지가 무슨 수로 좋은 직장을 잡는단 말이고?"

이 부분에서 흥미로운 점은, 영어 분야에서 내가 좋은 직장을 못 잡을 거라고 말씀하신 그 친척은 내가 영어하는 것을 단 한 번도 들어본 적이 없다는 사실이다. 다시 말해, 좋은 직장을 구하지 못할 거라고 100% 단정 지었던 그분의 결론을 이끈 데이터는 단 하나, 내 학벌이었다. 그렇다. 난 소위 "SKY"라고 불리는 일류 대학을 나오지 못했다. 그렇게 일류 대학을 졸업하지 못한 평범한 사람에게는 미국 유학에 드는 시간과 비용이 모두 낭비라는 것이 그분의 논리였다. 한 마디로, 그분에게 나는 그런 투자를 할 만한 가치가 없는 인간이었던 것이다. 지금 생각하면 아무 해도 입히지 않은 이들에게 그런 대접을 묵묵히 받아 냈던 20대의 내가 어리석게까지 느껴진다. 전과자인 주제에 책은 봐서 뭐 하냐고 비아냥거리는 사람에게 "내 가치를 니가 정하지 마! 내 인생 이제 시작이고 난 원하는 거 다 이루면서 살 거야!"라고 소리치는 〈이태원 클라쓰〉의 박새로이에게 있던 패기가 그때의 내겐 없었다. 딸의 가치를 함부로 후려쳐서 말하는 그분의 태도에 큰 상처를 받은 어머니께서는 플로리다로 전화하셔서 "보란 듯이" 성공해야 한다고 당부하셨다. 20대의 나는 이 모든 일에 화가 나서 견딜 수가 없었다.

나는 그런 식으로 서열을 매기기 좋아하는 사람들이 말하는 "좋은" 직장을 얻으려고 유학을 온 것이 아니었다. 크게 성공하고 싶어서 유학을 결정한 것도 아니었다. 그저 평범한 내가 가지고 있던 작은 재능들 중에서 가장 잠재력 있는 것을 골라 갈고 닦아서, 재미나게 밥벌이를 하면서 30대 이후의 내 삶을 꾸려 가고 싶었을 뿐이었다. 어릴 때부터 영어를 좋아하고 잘하는 편이었고, 또 글쓰기 재능이 있던 내게 실용적인 외국어 교육학 공부는 당시 가장 합리적인 선택이었다. 그것은 실제로 나를 가르쳐서 잠재력을 보신 우리 대학의 영문과 교수님께서 내게 최적화된 프로그램이라며 적극 추천해 주신 길이기도 했다. 그래서 그때 내가 가진 모든 것을 다 걸고 미국 유학이라는 과감한 도전을 하게 되었던 것이다. 하지만 내게 그런 식의 부정적인 말을 앞에서, 그리고 뒤에서 무심하게 던졌던 친척들 중 그 누구도 내게 왜 유학을 가겠다는 결정을 내렸는지, 또는 스스로의 삶에 가지고 있는 청사진이 무엇인지 진지하게 물어보는 이는 없었다. 그들에게 중요한 것은 내가 일류 대학을 나오지 않았다는 그 사실뿐이었다. 그리고 일류 대학을 나오지 않은 사람이 유학을 간다는 것이 얼마나 돈 낭비, 시간 낭비인지를 내게 직접적으로 "일깨워" 주는 사람까지 있었다. 1등이 아닌 사람이 자신이 가진 것을 전부 다 걸고 꿈에 도전한다고 냉소와 험담까지 들어야 하는 이유가 대체 뭘까? 이렇게 20대의 내가 겪은 한국 사회는, 1등이 아닌 사람에게는 단지 "기억"만 하지 않는 것이 아니라, 불친절하며 때로는 잔인한 곳이었다.

그렇지만 대부분의 우리들은 1등이 아닌 사람들이다. 1등에게만 친절한 사회에서 행복하게 살아갈 수 있는 사람은 오직 1등뿐이다. 아니, 솔직히 나는 그런 사회에서는 1등조차도 진정으로 행복한 삶을 누릴 수 없다고 생각한다. 모든 것에 서열이 매겨지고 그에 따라 서로가 서로에게 등급을 매기는 사회에서 2등, 3등, 4등을 하는 이들이 어떻게 1등을 진정한 친구나 이웃으로 여길 수 있겠는가? 실제로 내가 "일류 대학 출신도 아닌 주제에" 비싼 돈 들여 미국 유학길에 오른다며 돈 낭비라고 했던 사람들 몇 명은, 후에 내가 플로리다 주립대의 교수진이 되었을 때, 그리고 내가 쓴 책이 베스트셀러가 되었을 때는 시기하고 질투했다. 이런 분위기 속에서 설사 1등이 된다고 한들, 진정한 행복을 느낄 수가 있을까? 나는 그런 사회에서 1등으로 살아가느니, 차라리 1등이 아닌 채로 그렇지 않은 사회에서의 삶을 택하고 싶다. 사람에게 서열과 등급을 매기는 수직적인 가치관으로 인해 나를 경쟁 상대로만 보는 이들보다는, 세상을 수평적인 가치관으로 바라보기에 나를 더불어 살아가는 이웃으로 대하는 이들과 함께 살아가고 싶기 때문이다. 이 두 부류의 사람들 중에서 어느 쪽이 진심으로 나를 위해 주는 친구가 될 가능성이 큰지는 굳이 생각해 보지 않아도 쉽게 알 수 있다. 한국 사회의 이런 수직적인 가치관이 한국인들을 '더' 불행하게 만든다는 사실은, 한국 최고의 학부인 서울대 법대를 졸업한 문유석 판사도 지적한다.

수직적 가치관이란 사회 구성원들이 추구하는 가치가 획일화되어 있고, 한 줄로 서열화되어 있다는 뜻이다. 학벌, 직장, 직위, 사는 동네, 차종, 애들 성적… 삶의 거의 모든 국면에서 남들 눈에 띄는 외관적 지표로 일렬 줄 세우기를 하는 수직적 가치관이 지배하는 사회에서 완전히 행복할 수 있는 사람은 논리상 한 명도 있을 수 없다. 그 모든 경쟁에서 모두 전국 일등을 하기 전까지는 히딩크 감독 말처럼 늘 '아직 배가 고플' 테니 말이다. 모두가 상대적 박탈감과 초조함, 낙오에 대한 공포 속에 사는 사회다.●

- 문유석 『개인주의자 선언』 중에서

문유석 판사나 나 같은 사람들이 하는 이런 생각들을 사회학적 관점에서 체계적으로 연구한 학자도 있다. 김찬호 사회학 박사는 우리 사회의 수직적 가치관과 그로 인해 모든 면에서 일상화된 경쟁 심리의 부작용을 "한국인의 일상을 지배하는 감정" 속에서 찾는다. 그것이 "모멸감"이라고 주장하는 그의 말을 좀 더 들어보자.

한국인들은 사소한 차이들에 집착하면서 위세 경쟁에 신경을 곤두세운다. 그러다 보니 여러 가지 이유로 모멸을 주고받기 일쑤다. 못

생겼다고, 뚱뚱하다고, 키가 작다고, 너무 어리다고, 나이가 많다고, 결혼을 안 했다고, 이혼했다고, 심신에 장애가 있다고, 가난하다고, 학벌이 후지다고, 비정규직이라고, 직업이 별로라고, 영어를 못한다고….

모멸을 주는 것은 사람만이 아니다. 여러 가지 기준으로 열등한 집단을 범주화하고 멸시하는 통념이나 문화의 위력도 만만치 않다. 일부 소수의 '잘난' 사람들만을 환대하는 분위기 속에서 대다수 사람들은 박대 또는 천대를 받는 듯 느낀다.●

- 김찬호 『모멸감』 중에서

세상을 수직적으로 보는 이들은 우월감 또는 열등감을 바탕에 깔고 다른 사람을 대한다. 우월감으로 인해 마트 고객센터 직원에게 소리를 지르고, 열등감으로 인해 타인이 이룬 성공을 시기하고 깎아내린다. 이런 사람들이 많은 사회에서는 비상식적인 갑질이 난무한다. 그러니 자연스럽게 수직적이기보다는 수평적인 세계관을 가진 이들이 대다수인 사회에서 살아가는 사람들의 행복지수가 월등히 높다.

어떤 이는 문유석 판사나 김찬호 박사, 혹은 나 같은 사람들이 지나치게 이상주의자라고 비판할지도 모를 일이다. 자본

　　　● 김찬호 (2014) 「모멸감」 문학과 지성사

주의 사회에서 그 어떤 식으로든 서열이 존재하는 것은 불가피한 일이 아니냐며 반문하는 이들도 있을 것이다. 그러나 사회 구성원들이 대체적으로 그런 식의 서열에 무감한 문화를 가진 나라는 이 지구상에 얼마든지 존재한다. 그런 문화권 안에서는 모두가 각자 다른 재능을 가지고 각기 다른 모습과 다른 방식으로 사회에 기여한다는 사실을 인정하는 분위기가 대세를 이룬다. 때문에 자연스럽게 구성원 모두가 똑같이 존중받아야 한다는 사회적 공감대가 형성돼 있다. 나는 그런 곳이야말로 진정한 의미의 다양성을 인정하는 사회라고 생각한다. 불행히도 20대의 내가 겪었던 한국은 그런 분위기와는 거리가 먼 나라였다. 그래서 "1등만 기억하는 더러운 세상"이라는 유행어를 들을 때면, 나는 한국에서 겪은 쓰디쓴 기억들이 떠올라서 씁쓸해진다. 이렇게 유행어는 종종 그 사회가 가지고 있는 병폐를 적나라하게 드러내기도 한다.

당연한 말이겠지만, 한국뿐만 아니라 미국에도 이 사회가 가진 문제점을 여과 없이 드러내는 유행어가 있다. 아선생은 그 대표적인 예로 Driving While Black이라는 표현을 들고 싶다. 한국의 계층 차별, 학력 차별과 대비되는 미국 사회 속 인간에 대한 차별 형태가 있다면 아마도 인종 차별일 것이다. 미국의 경우, 일부 한국인들처럼 대놓고 갑질을 하거나 직접적인 모욕을 주는 사람들이 아주 없지는 않지만, 그런 사람을 일상생활에서 만나는 건 실제로 굉장히 드문 일이다. 하지만 그 대신 요상한 방식의 은근하고도 뭉근한 차별이 존재한다. 이를테면, 흑인에게 대놓고 무시하는 언사를 하는 백인을 만나는 건 흔치 않지만, 어떤 법이나 규칙을 집행할 때 흑인들에게만 좀 더 엄격한 잣대를 들이대는 경찰을 만나는 건 다소 흔한 일이다. Driving While Black은 바로 이런 미국 경찰들의 흑인에 대한 은근한 차별을 꼬집는 유행어다.

약자로 DWB로도 쓰이는 Driving While Black은, 직역하자면 "흑인이면서 운전하기"다. 미국에서 흑인이 운전하는 것이 불법이 아니기 때문에 이 표현은 논리적으로는 말이 안된다. 그럼에도 불구하고 왜 이런 표현이 생겨났을까? 사실 이 말은, 많은 유행어가 그렇듯이, 운전과 관련해 흔히 쓰이는 Driving While Intoxicated라는 표현에 운율을 맞춰 탄생했다. Intoxicated란 '술이나 마약에 취한 상태에 있는'을 말한다. 이런 상태에서 운전하는 것은 당연히 불법이며 경찰에게 잡히는 범법 행위이다. 그런데 이 표현에서 Driving과 While은 그대로 가지고 와서 흑인을 뜻하는 Black만 갖다 붙인 이유가 뭘까? 쉽게 유추할 수 있듯이, 이는 경찰들이 똑같은 운전자 중에서 유독 흑인을 타깃으로 삼고, 흑인들에게는 무엇이든 꼬투리를 잡아서 교통 위반 딱지를 주려고 한다는 데서 생긴 말이다. 이 말이 크게 유행하면서 한 신문의 시사만평 만화에는 이런 문장까지 등장했다.

"Sir, do you have any idea how black you were driving?"●
선생님, 선생님께서 운전하실 때 얼마나 흑인이셨는지 아세요?

"얼마나 흑인이셨는지"라는 게 얼마나 말이 안 되는 말인가! 그러니 이는 Driving While Black이라는 유행어를 이용해서 미국 경찰들의 흑인에 대한 차별적인 단속을 재치 있게 풍자한 만평인 셈이다. 우리나라에서 "1등만 기억하는 더러운 세상"이 책 제목으로 쓰인 것처럼, Driving While Black은 미국에서 영화 제목으로도 쓰였다. 2015년에 개봉된 이 영화의 줄거리를 영화 전문 웹사이트 IMDb는 이렇게 소개한다.

● https://www.theodysseyonline.com/driving-black-app

The film explores the reasons why so many black men have concerns of unfair treatment, especially while driving. We get to see the psychology behind Dimitri's attitude towards the police, through piercing flashbacks to his prior experiences with the cops—from childhood to present day, the cops have always had their eye on him.

영화는 왜 그렇게 많은 흑인들이, 특히 운전할 때 불공정한 대우를 받을까 봐 우려하는지 그 이유를 탐사한다. 과거에 디미트리가 경찰과 있었던 일을 보여주는 날카로운 회상 장면들을 통해서, 우리는 경찰을 대할 때 그가 보이는 태도 이면에 있는 그의 심리를 보게 된다. 어린 시절부터 현재까지, 경찰은 항상 그를 주시했다.

그렇다면 이 표현대로 미국 경찰의 흑인 차별적인 교통 단속은 실제로 존재하는 현상일까, 아니면 그저 흑인들의 피해 의식인 것뿐일까? 사실 이에 대한 생각은 사람마다 다르기 때문에 아선생이 절대적인 진실이 무엇인지 입증할 방법은 없다. 실제로 이 주제를 놓고 수업 시간에 미국인 학생들과 토론했을 때도 명확한 결론은 나지 않았던 기억이 있다. 그렇지만 현재 미국 사회에서 살아가고 있는 평범한 흑인들에게 이에 대한 생각을 들어볼 수는 있을 것이다. 그래서 아선생 주변의 평범한 흑인 남녀에게 이 유행어와 관련된 개인적인 경험과 의견을 물어봤다.●

Yes, I do think it is an actual thing to Driving While Black. It is something that I have experienced and something that my friends have experienced as well. As far as me, there was one instance that I remember vividly.
I was traveling from the university back home with my girlfriend at the time. I was coming off the highway to a stop light, and I noticed that a police officer had literally crossed over a median and got behind my car. I was in complete shock at what the police officer did that I missed my light. By the time I looked up, the light turned yellow. I could have tried to rush through the light, but I would have run a red light which would have been a cause for the police officer to pull me over, so I stayed. However, the police officer still pulled me over. He asked me why I didn't make my turn. I told him

● 참고로, 이 칼럼은 2020년 3월 조지 플로이드George Floyd 사망 사건으로 인한 미국 내 Black Lives Matter (BLM) 항의 시위가 시작되기 전에 쓰였다. 그러니 흑인들이 BLM 시위를 하게 된 배경 중 하나로 이해하면 도움이 될 것이다.

because I saw him cross over the median to which he replied that it was not my business, and then he began to berate me and talk down to me. Instead of fear I was angry because I knew all too well why he was pulling me over. He didn't need to say it. I was a Black man with a target on my back. My girlfriend told me to calm down, but I couldn't.

It wasn't until I asked for his badge number and the fact that I mentioned that I was a college student coming from Florida State University and mentioning some buildings on campus did he allow me to go because he also attended the university. I will never forget this moment. This is what it is like to not only drive while Black but to be Black in America. You never know what you will get. You can literally not be a criminal or a bad person but somehow fear that the police will come for you because they will think you are doing something wrong even if you have not and are not.

- Derrick Pollock

네, 저는 Driving While Black이 실제로 존재한다고 생각합니다. 제가 경험했고, 제 친구들도 경험했으니까요. 제 경험에 관한 한, 지금도 생생하게 기억나는 일이 하나 있었죠.

그때 저는 여자 친구와 함께 우리 대학에서 집으로 가고 있었어요. 고속도로에서 나와서 신호 대기 중이었지요. 바로 그 순간 어느 경찰차가 말 그대로 중앙선을 확 넘어서 바로 제 차 뒤에 따라붙었다는 걸 알아차렸습니다. 그 경찰관의 행동에 너무 놀라서 저는 신호를 놓쳤습니다. 정신 차리고 봤을 때는 이미 노란 불로 바뀌었고요. 그때 재빨리 갈 수도 있었겠지만, 괜히 빨간 불로 바뀔 때 달려서 그 경찰에게 잡힐 수도 있었기 때문에 저는 그냥 멈춰서 있었습니다. 그런데도 그 경찰은 저를 불러 세우더군요.

경찰은 왜 제가 파란 불일 때 가지 않았냐고 물어봤습니다. 저는 그 경찰이 중앙선을 넘어서 오는 걸 봤기 때문이라고 했어요. 그러자 경찰이 그건 제가 상관할 바가 아니라고 하더군요. 그러고서 저를 질책하기 시작하더니, 그것도 모자라 얕보는 듯한 투로 말했습니다. 저는 두려움보다 화가 치밀어 올랐습니다. 사실 경찰이 왜 저를 그렇게 잡아 세워 두고 있는지 너무도 잘 알고 있었거든요. 말이 필요 없었습니다. 저는 항상 그들의 타깃인 흑인이니까요. 제 여자 친구가 저한테 진정하라고 했지만 저는 그럴 수가 없었습니다.

저는 그의 배지 넘버(경찰 ID 번호)가 뭔지 물어봤습니다. 그리고 제가 플로리다 주립대에서 오는 길인 학생이라는 사실을 언급하면서 학교 건물 이름을 몇 개 말하고 난 후에야 그 경찰은 저를 보내 줬습니다. 그 경찰 또한 우리 대학을 다녔기 때문에 그렇게 증명할 수가 있었던 거예요. 저는 그 순간을 결코 잊지 못할 겁니다. 바로 그 일이 미국에서 흑인으로 운전하는 것뿐만 아니라 흑인으로 살아간다는 것이 어떤 의미인지를 보여주니까요. 어떤 일을 당할지 도무지 알 수가 없거든요. 말 그대로 우리는 범죄자나 나쁜 사람이 아닌데도 왠지 경찰이 잡으러 올 거라는 두려움을 갖게 돼요. 왜냐하면 내가 뭔가 나쁜 일을 하지도 않았고, 나쁜 사람이 아닌 데도 경찰들은 내가 뭔가 나쁜 짓을 저지르고 있다고 생각할 테니까요.

- 데릭 폴락

Is DWB a real thing? Yes! And I have experienced it tons of times since becoming a licensed driver at age sixteen. Unfortunately, these personal DWB experiences, combined with national stories of police aggression and violence towards black people, if not countered by equally positive experiences with law enforcement would have given me the idea that all cops in America are homicidal racists.

Thankfully, I have had a personal positive experience with a police officer while driving! Two years ago, when police shootings of unarmed black people were extremely prevalent, I was driving on a back road headed to visit my sister and take my nieces home. At the time, I had a small car, and it was packed. I was taking stuff to my sister, and the girls were in the back seat. Every spot in the car was taken, including the front passenger seat, which was so crammed with stuff, I could not even access the glove box.

I had been driving for an hour. It was a 2-lane road, and the other lane was clear, and I was in a passing zone, so I signaled and moved out into the other lane to pass. Once I was out in the lane, I saw that there were more cars than I had noticed. Up ahead, I could see there was oncoming traffic approaching, and I was now in their lane. My only good option was to speed up and go even faster to pass the other cars in the other lane. Then, I noticed that the first car coming towards me head-on was a cop. The cop had turned on his lights and was pulling me over.

At the time, my trust for cops was nonexistent, so I did three things; I spoke to my nieces very calmly to tell them what was happening, kept my head up and kept my hands visible on the steering wheel. When the cop approached my window, he already had his hand on the holster of his gun and with the other hand, he motioned for me to let my window down. We were positioned very close to the road, so I asked if, for safety reasons, we could pull up and off the road a bit. He agreed and got back into his car to follow me. When he got back to my window again, my hands were again on the steering wheel, and I could tell that he was annoyed. He said, "Why haven't you gotten your license and registration out, yet? I know you know what to do." I simply said, "I am afraid of being the next unarmed black person to be shot by law enforcement." I could tell that my reply shocked him.

After he got over his initial shock, he told me that he was not going to shoot me and that I had permission to get my license. When I told him that my registration was in the glove box but I would have to exit the car and go around to move the luggage blocking the glove box, he escorted me around to the other side of the car to retrieve it. After I handed it over, I got back into my car to wait for him to run my information and, presumably, write my ticket. He surprised me by coming back and asking me to exit the vehicle. He did not have a ticket in his hands only my license and registration. He said that he was not going to give me a ticket, but that he wanted to have a conversation with me out of earshot of the girls.

Reluctantly, I walked with him to the back of the car. What he said to me was not what I was expecting. He asked me where I was going and why. He asked me to "SLOW DOWN". He said that he thought I was a good person. He said that I was taking time out of a seemingly busy schedule to take care of other people's children. More poignantly, he apologized for all his colleagues throughout the nation. He apologized for the past and current state of race relations. He said that not all people are bad and not all cops are bad or racists. He lamented that people like me live in fear of law enforcement, and he stated that there was fear on both sides. He said that he felt that a lot of the shootings (not all) were related to fear. He said that some officers were scared and just trying to make it home after each shift to see their families.

Regretfully, I don't remember his words verbatim, but I do remember our shared experience. I remember his earnestness and his sincerity. I remember mine. I remember that I apologized to him for speeding and not initially trusting him. I remember that, in the end, I asked if I could hug him and then just did it before he could confirm. I got back in my car and sat for a minute before continuing my journey home. In retrospect, I like to think that was a positive and unforgettable encounter for us both. It doesn't take away all the bad experiences I've had, but it does give me hope for improved law enforcement/black relations; it is a seed of respect that was planted with both of us, that we can each personally water, grow, and share with those close to us.

- Diana Roshell-Brooks

DWB가 정말로 존재하냐고요? 그럼요, 존재해요! 저는 16살 때 운전면허증을 딴 후부터 DWB를 엄청 많이 경험했어요. 불행히도, 제 개인적인 DWB 경험들과 또 이 나라 전체에 퍼져 있는 흑인에게 가해지는 경찰의 공격과 폭력에 관한 이야기까지 합쳐져서, 저는 미국 경찰은 모두 살인하는 인종 차별주의자들이라고 생각할 수도 있었을 거예요. 제가 경찰들과 좋은 경험도 똑같이 겪지 않았더라면 말이죠.

감사하게도, 저는 운전하다 만난 어느 경찰과 개인적으로 긍정적인 경험을 한 적이 있습니다. 2년 전, 무장하지 않은 흑인을 경찰이 총격하는 사건이 극도로 자주 일어나고 있을 때, 저는 제 조카를 동생 집으로 데려다 주기 위해 시골길을 운전하고 있었습니다. 그때 제 차가 작은 데다, 짐들로 꽉 차 있었어요. 동생에게 가져다 줄 짐이 많았고, 아이들이 뒷자리에 앉아 있었죠. 앞자리 조수석까지 포함해서 차의 모든 곳이 꽉 차 버려서, 앞좌석의 사물함조차 열 수 없는 지경이었어요.

한 시간 정도 운전한 후였습니다. 2차선 도로였는데 반대편 도로는 차가 없었고 저는 추월 구간에 있었기 때문에 신호를 넣고 반대편 도로에 진입해서 앞의 차를 추월하려고 했습니다. 그런데 반대편 도로에 들어서자마자 제가 생각했던 것보다 많은 차들이 오는 거예요. 앞쪽에 오고 있는 차들이 있는데 제가 그들의 길을 막고 있었죠. 그 상황에서 제가 할 수 있는 일은, 더 빨리 운전해서 다른 쪽 차선의 차들을 추월해 들어가는 것뿐이었습니다. 바로 그때, 제 쪽을 향해 정면으로 오고 있는 첫 번째 차가 경찰차라는 걸 알았어요. 그 경찰은 청색 불을 켜고 저를 잡아 세웠습니다.

그 당시, 제게 경찰에 대한 신뢰 따위는 전혀 없었죠. 그래서 저는 다음 세 가지를 했습니다. 우선 제 조카들에게 무슨 일이 일어나고 있는지 설명하려고 아주 조용히 말했고, 계속해서 머리를 들고 있으면서 손을 경찰이 볼 수 있도록 운전대 위에 놓았습니다. 경찰이 제 차 창문 쪽으로 왔을 때, 그의 손은 이미 권총집을 잡고 있었고,

다른 손으로는 제게 창문을 내리라는 동작을 했어요. 우리는 도로에 지나치게 가까이 있어서 제가 안전을 위해서 도로에서 조금 떨어진 곳으로 차를 옮겨도 되겠냐고 물어봤습니다. 그는 동의했고 자기 차로 돌아가서 저를 따라 왔습니다. 경찰이 다시 제 창문으로 왔을 때 저는 다시 손을 운전대 위에 두고 있었는데, 그때 경찰이 짜증이 났다는 사실을 알 수 있었습니다. 그는 "왜 아직까지도 면허증과 등록증을 꺼내 놓지 않고 있습니까? 이럴 때 어떻게 해야 하는지 잘 알지 않습니까?"라고 말했어요. 저는 아무렇지 않게 대답했습니다. "저도 경찰 총에 맞아 죽는 비무장 흑인이 될까 봐 두려워서요." 그 순간, 제 대답에 그 경찰이 충격을 받았다는 사실을 알 수 있었습니다.

일단 충격을 진정시킨 후, 그는 나를 쏘려고 하지 않았다면서, 제가 면허증을 꺼낼 수 있게 허락해 줬습니다. 제가 자동차 등록증은 앞좌석 사물함에 있는데, 그걸 꺼내려면 일단 차에서 내려 돌아가서 사물함을 막고 있는 짐을 다 옮겨야 한다고 했습니다. 경찰은 제가 차 반대편으로 가서 등록증을 꺼낼 때까지 저를 에스코트해 줬습니다. 등록증을 주고 난 후, 저는 차로 돌아와서 그가 제 신상을 확인할 때까지, 그리고 아마도 교통 법규 위반 딱지를 끊으려고 할 때까지 기다렸습니다. 놀랍게도 그는 돌아와서 저한테 차에서 내리라고 했습니다. 그의 손에 딱지는 없었고 제 면허증과 등록증만 있었습니다. 그는 제게 딱지를 부과하지 않겠다고 말했지만, 아이들이 들을 수 없는 곳에서 나와 이야기를 좀 하고 싶다고 했습니다. 솔직히 꺼려졌지만, 저는 차 뒤쪽으로 그와 함께 걸어갔습니다. 그 다음에 그가 한 말은 제가 예상했던 게 아니었습니다. 그는 제가 어디에 무엇 때문에 가는지 물어봤습니다. 제발 좀 천천히 운전하라고도 했습니다. 그러고는 제가 좋은 사람인 것 같다고 했어요. 바빠 보이는 데도 다른 사람의 아이들을 돌봐준다면서요. 이보다 더 감동적이었던 것은, 그가 이 나라에 있는 모든 동료 경찰들을 대신해서 사과를 했다는 점입니다. 그는 과거와 현재의 인종 간 갈등에 대해 사과했습니다. 그는 모든 사람들이 다 나쁘지 않듯이, 모든 경찰들이 다 나쁘거나 인종 차별주의자는 아니라고 했습니다. 그는 저 같은 사람들이 경찰을 두려워하며 살아간다는 사실이 통탄스럽다고 했어요. 그는 경찰과 흑인들 양쪽 모두에게 두려움이 존재한다고 했습니다. 그는 다는 아니지만 많은 총격 사건이 두려움에서 기인한다고 생각한다고 말했어요. 어떤 경찰관들은 두려워서, 그저 자기 근무가 끝나고 가족들을 보러 집으로 돌아가기 위해서 그랬다는 말도 했습니다.

유감스럽게도, 저는 그가 한 말을 모두 그대로 기억하지는 못하지만, 우리가 그날 함께 나눴던 경험은 뚜렷하게 기억합니다. 저는 그의 진지함과 진심을 기억합니다. 저의 진심 또한 기억해요. 저도 속도를 낸 것과 처음에 그를 신뢰하지 않았던 것에 사과했습니다. 마지막에는 그를 안아 줘도 되느냐고 물어봤고, 그가 대답하기 전에 그냥 안아 준 게 기억납니다. 저는 제 차로 돌아와서 집으로 가기 전에 잠시 동안 가만히 앉아 있었습니다. 그 일을 회상하면, 저는 그 경험이 우리 두 사람 모두에게 긍정적이며 잊을 수 없는 만남이었다고 생각하고 싶습니다. 물론 그 일이 제가 겪은 모든 나쁜 경험을 없애 주지는 않겠지만, 그 일은 제게 경찰들과 흑인들의 관계가 좀 더 좋아질 수도 있을 거라는 희망을 줍니다. 그것은 우리 둘 다에게 심어진 존중의 씨앗이거든요. 우리들 각자가 물을 주고 키워서 우리와 가까운 사람들과도 나눌 수 있는 그런 씨앗이요.

- 다이애나 로셸-브룩스

다이애나 로셸-브룩스 씨와의 인터뷰에서 볼 수 있듯이, 미국 경찰들 모두가 그런 것도 아니고, 또 미국 경찰 측 말을 직접 들어본 것도 아니기 때문에, 무엇이 진실이라고 단정 짓기는 사실 매우 힘든 일이다. 그러나 Driving While Black이라는 유행어를 통해서 미국에서 현재를 살아가고 있는 흑인들이 미국 경찰의 법 집행 과정에 대체적으로 어떤 정서를 가지고 있는지를 우리는 엿볼 수 있다.

그럼에도 불구하고 아선생은 미국에서 이런 종류의 제도적 인종 차별institutional racism을 논할 때마다 감정보다는 이성적으로 보다 조심스럽게 접근해야 할 필요가 있다는 생각도 든다. 일례로, 얼마 전 미국 사회를 떠들썩하게 했던, 일명 "미국판 스카이캐슬 사건"을 한번 보자. 한국에도 잘 알려진 드라마 〈위기의 주부들Desperate Housewives〉에서 르넷 역으로 유명한 배우 펠리시티 허프먼Felicity Huffman은, 뒷돈을 주고 부정한 방법으로 딸의 수능SAT 성적을 조작한 혐의로 기소됐다. 재판 결과 그에게 2주 간의 구금과 벌금 15,000 달러, 그리고 사회봉사 명령이 부과됐다. 그런데 이 사건과 함께 회자되는 케이스 중에 타니아 맥도웰Tanya McDowell이라는 가난한 흑인 여성이 저지른 비슷한 사건이 있다. 집이 없는 맥도웰은 자신의 6살 난 아이를 좋은 학교에 보내기 위해서 살지도 않는 학군에 산다고 거짓말을 해서 기소됐는데, 징역 5년을 살게 됐다는 것이다. 이 두 사건을 비교하는 글들이 인터넷에 쏟아져 나오면서, 많은 미국인들이 가난한 흑인과 부유한 백인에게 서로 다르게 적용되는 미국의 사법 시스템을 비판하며 비분강개했다. 실제로 한국의 주요 신문들조차도 이 두 사건을 함께 비교해 보도하면서 미국 사법 제도의 불공정성을 지적했다. 그런데 그런 기사들을 읽으며 친구들과 함께 분통을 터뜨리던 아선생이 이 사건에 대해 좀 더 깊이 다룬 칼럼을 읽고 난 후에는 생각이 조금 달라졌다. 아선생이 이 두 사건을 비교한다는 것 자체가 적절하지 않다고 판단이 든 이유는, 맥도웰이 징역 5년이라는 판결을 받은 원인이 학군에 대한 거짓말 때문만이 아니었기 때문이다. 그녀는 그 외에도 수많은 범죄를 저질렀는데, 그중에는 중범죄에 속하는 절도죄도 있었다. 그러니 그녀가 받은 징역 5년이라는 형량은 그녀가 저지른 다른 중범죄들까지 모두 포함된 결과였던 것이다. 그러나 많은 사람들은 이를 알지 못한 채, 이 사건을 다룰 때 그저 미국의 사법 제도 속에 존재하는 인종 차별만을 강조하고 또 강조했다. 다음은 이 두 사건을 집중해서 깊이 있게 다룬 어느 칼럼의 일부다.

It's true that McDowell and Huffman faced drastically different punishments for their crimes, and it is also true that inequity in the criminal-justice system continues to be a pressing social issue. However, the two criminal cases serve as poor comparisons because they involve different types of crimes, circumstances, and jurisdictions.●

- <Did Tanya McDowell Get 5 Years for Sending Her Son to a Better School While Felicity Huffman Got 14 Days?> 중에서

맥도웰과 허프만이 그들이 저지른 죄에 대해 극단적으로 다른 처벌을 받은 것은 사실이다. 그리고 우리의 형사 사법 제도의 불공정함이 계속해서 초미의 사회적인 이슈가 되고 있다는 것 또한 사실이다. 그럼에도 불구하고, 이 두 가지 형사 사건은 비교 대상으로는 매우 적절하지 못하다. 왜냐하면, 이 두 사건에는 각각 여러 건의 다른 범죄와 다른 환경, 그리고 서로 다른 관할 구역이 연루되어 있기 때문이다.

- <펠리시티 허프만이 징역 14일을 받을 때, 타니아 맥도웰은 아들을 좋은 학교에 보낸 죄로 징역 5년을 선고 받았는가?> 중에서

이걸 보면서 표면에 드러나 보이는 것이 전부는 아니라는 걸, 머릿속으로는 이미 잘 알고 있었지만, 다시 한 번 생각해 보게 되는 계기가 되었다. 남들이 뭐라 하든 간에 이 책을 읽는

● https://www.snopes.com/fact-check/tanya-mcdowell-felicity-huffman/

독자님들은 어떤 사회 현상이나 사건을 비판하려면, 군중심리에 휩쓸리기보다는 일단 좀 더 깊이 알아보시길 바란다.

유행어로 알아보는 미국 사회의 차별 유형 2

_자고로 설명은 남자가 해야지 Mansplaining

미국에서 인종 차별 이야기가 나올 때마다 언제나 함께 거론되는 것이 성차별이니, 이번에는 성차별에 관련된 유행어도 살펴보자. 첫 번째로 요즘 한국에서도 조금은 알려지기 시작한 단어 Mansplain! 이는 man과 explain의 합성어로 남자가 자신이 여자보다 더 똑똑하다는 생각으로 여자를 가르치려 드는 행위를 말한다. 미국 작가, 레베카 솔닛_{Rebecca Solnit}이 쓴 『Men Explain Things to Me』라는 책에서 탄생한 이 말은, explain처럼 동사로 기능하는 단어이기 때문에 쓰임새가 다음과 같다.

"Are you mansplaining me?"
지금 남자라고 나를 가르치려 드는 건가요?
"He's such a mansplainer!"
그 남자는 여자들은 무조건 뭘 모른다고 생각하고 가르치려 든다니까!

이 말을 유행어로 만든 사건의 전말은 대략 이렇다. 어느 모임에서 레베카 솔닛은 나이든 남자로부터 자신이 어떤 책을 썼는지 질문을 받았다. 그래서 자기 책의 주제에 대해 설명하고 있는데, 그 남자가 레베카 솔닛의 말을 잘랐다. 같은 주제에 관해 아주 중요한 책이 나온 사실을 아느냐고 하면서, 그 중요한 책을 설명하기 시작했다. 정작 자기가 질문했던 "그녀가 썼다는 책"에 대해서는 들으려고 하지도 않고 말이다. "그 중요한 책"에 대해서 거만하게 떠들어대던 그 남자는, 솔닛의 친구가 "그게 바로 이 친구가 쓴 책이라고요!"라는 말을 세 번 이상 한 뒤에서야 비로소 사태 파악을 했다고 한다. 같은 주제의 다른 책이 출판되었을 가능성을 기꺼이 받아들이고 그의 말을 경청했던 레베카 솔닛의 태도와는 사뭇 달랐던 그 남자의 태도!● 어떤 주제에 관해서건 남자인 내가 여자인 너보다는 당연히 더 잘 알고 있기 때문에 너는 입 다물고 내 설명만 들으라는 그 남자의 근거 없는 자신감으로 인해 벌어진 이 일화는 미국 사회에서 Mansplain이라는 단어를 폭발적으로 유행시키는 기폭제가 된다.

흥미롭게도 바로 얼마 전 내 친구 제니가 노트북이 고장 나서 컴퓨터 수리점에 갔다가 이 유행어를 듣게 되는 일이 있었다. 제니의 노트북은 일반적인 고장이 아니라 좀 요상한 형태로 작동되었기 때문에, 이를 정확하게 이해하려면 수리 기사가

● Solnit, R. (2015). *Men Explain Things to Me*. Chicago: Haymarket Books.

제니의 설명을 집중해서 잘 들어야 했다. 그런데 제니의 말을 좀 듣고 있던 수리점 직원은 그녀의 말을 중간중간 끊으면서 자꾸만 그건 고장이 아니라며, 제니가 뭘 모르고 하는 말이라는 식으로 빈정대기 시작했다. 바로 그 순간 실제로 일어나고 있었던 일은, 그 남자가 제니의 설명을 이해하지 못한다는 사실이었다. 인내심 많은 제니가 여러 번 설명을 시도했지만, 그는 오히려 컴퓨터의 기본 속성 운운하며 제니를 가르치려 들었다. 둘 다 같은 미국말을 쓰는 미국인들인데 그가 제니의 말을 반복해서 듣고도 그런 반응을 보이는 이유는 간단했다. 그것은 여자인 제니가 컴퓨터에 대해 자기보다 모를 거라고 확신하는 그의 편견 때문이었다. 바로 그때 재미있는 일이 벌어졌다. 제니가 아니라 그 수리점의 다른 남자 직원이 그 남자에게 "Are you mansplaining her너 지금 네가 잘 안다고 저 분을 가르치려고 드는 거야?"라고 쏘아 줬다는 사실이다. 다행히 요즘은 이렇게 일상적으로 행해지는 성차별에 문제의식을 느끼는 남자들도 많다. 그럼에도 불구하고 여전히 여자를 자기보다 못하다고 생각하는 남자들이 미국에도 존재하기에 이런 말이 폭발적인 유행어가 됐겠지만….

나 역시도 직장 내에서 한 남자 강사가 은근히 성차별적인 행동을 해서 화가 난 적이 있다. 플로리다 주립대 영어 교육센터CIES에는 교수진급의 베테랑 강사들이 문법, 작문, 독해, 말하기, 듣기를 포함한 각 과목에서 멘토 역할을 하면서 신입 강사들을 지도하는 제도가 있다. 그런데 한 신입 남자 강사가 남자 멘토들의 말은 지극히 존중하면서, 여자 멘토들에게는 사사건건 따지고 들었고, 어떤 때는 지적을 받고는 화를 내기까지 했다. 실제로 그의 여성 멘토들이 남성 멘토들보다 강의 평가를 훨씬 더 잘 받는 실력자들이었는데도 말이다. 좌우지간 누가 봐도 남성 멘토와 여성 멘토를 180도 다르게 대하는 그의 태도에 내 동료 여자 강사들은 슬슬 화가 나기 시작했다. 결국 우리는 단체로 센터장인 케널 박사에게 가서 이 사실을 보고했고, 그런 그의 태도와 행동에 정식으로 항의했다. 우리 이야기를 들은 케널 박사는 그날 바로 그 남자 강사에게 주의를 줬다. 그때 케널 박사가 그에게 성차별주의자라고 낙인을 찍는 대신, "계속해서 그런 식으로 행동한다면 사람들이 당신을 성차별주의자라고 생각할 겁니다."라고 표현했던 점이 인상적이었다. 케널 박사는 화가 난 우리에게도 20대 초반의 그가 아직 어리고 철없어 그런 것이니, 딱 한 번만 더 기회를 주자고 했다. 케널 박사의 설득으로 우리는 그 사안을 학교 인사과에까지 보고하지는 않았다. 그 남자 강사가 진심으로 반성했는지 우리로서는 알 수가 없다. 그러나 그 사건 이후 우리를 대하는 그의 태도는 굉장히 달라졌다.

말이 나온 김에, Mansplaining에서 파생한 Whitesplaining도 짚고 넘어가자. 쉽게 짐작할 수 있듯이, 백인이 흑인이나 다른 유색 인종에게 우월적인 태도로 사사건건 가르치려 드는 행위를 칭하는 표현이다. 나는 Whitesplaining이라는 단어만 들으면 내게 뭐든 가르치려 들었던 밉살스러운 50대 후반의 어느 백인 남자가 떠오른다.

50대지만 다른 분야에서 오래 일하다 온 사람이라, 나와는 비교도 안 되게 강사 경력도 짧고, 영어 교육 분야의 지식 또한 깊지 않았다. 이를테면, 영문법을 공부해서 가르치는 것이 아니라, 그냥 원어민으로서 자신의 직감에만 의존해서 강의하는 그런 사람이었다. 그가 문법 질문에 정확히 대답하지 못하는 일이 반복되자 그의 문법 수업에 배정된 학생들이 내 수업을 듣겠다며 찾아온 경우도 있었다. 그런 그가, 틀린 문법 내용을 아선생에게 가르치며 지적질한 적이 있었다. 영국 영어와 달리, 미국 영어에서는 단수형 집합명사Collective Nouns 뒤에 언제나 단수형 동사를 쓴다. 그렇지만 family의 경우, 드물긴 해도 단, 복수형 동사가 모두 쓰이는 지역이 미국에도 있다. 미네소타주와 일리노이주의 몇몇 지역 방언이 그렇다. 하지만 그런 내 설명을 듣던 그 남자는 내가 잘못 알고 있다고 주장했다. 한마디로 딱 잘라서 미국에서는 "절대로" 그렇게 쓰지 않는다고 말했다. 실제로 플로리다주에는 그렇게 말하는 사람이 없기 때문에 플로리다주 출신인 그가 그리 생각했을 수는 있다. 그러나 그는 너무나도 자신만만했고, 나를 지적하는 그의 태도는 거만하기 짝이 없었다. 자기보다 나이가 한참 어린 외국인 여자가 자신보다 영문법을 많이 알고 있을 거라고는 상상조차 할 수 없다는 그의 편견을, 말할 때 그의 표정에서 쉽게 읽어 낼 수 있었다. 자신이 가르치고 있는 문법 수업의 교재를 내가 썼다는 사실도, 내가 자기보다 문법을 가르친 경력이 훨씬 더 길다는 사실도, 나를 두고 쌓은 그의 편견에는 아무런 작용도 하지 않았다.

속이 상했던 나는 내 책상으로 돌아와서 〈즉문즉설〉을 들으며 마음을 달래 보려 했다. 그러나 다른 동료들 앞에서 나를 덜떨어진 사람 취급한 그의 행동이 곱씹을수록 분하고 불쾌

했다. 게다가 모든 화는 내 마음이 일으키는 것이라며 진리를 가르쳐 주시는 법륜 스님은 멀리 한국에 계셨고, 내게 선빵을 날리고도 미안한 줄조차 모르는 그 남자는 나와 같은 건물에 있었다. 나는 〈즉문즉설〉을 바로 꺼 버리고 두껍고도 무거운 문법책 두 권을 가지고 그에게 갔다. 그리고 집합명사 관련 동사 활용법이 나오는 페이지를 보여주면서 그의 말이 완전히 틀렸다는 사실을 명명백백하게 입증해 줬다. 그러나 내가 준비를 단단히 하고 간 것에 비해, 그 일은 너무나도 싱겁게 마무리됐다. 그는 내가 보여준 책의 내용을 쓱 한번 보더니, 작은 소리로 "Okay."라고 말했다. 정말 허무하게도 이게 그 이야기의 끝이다. 그는 자기가 잘못 알고 있어서 사람들 앞에서 내게 지적질한 것에 대해서는 사과 한마디가 없었다. 바로 이런 일을 미국인 여성 레베카 솔닛도 수없이 겪었다고 자신의 책에서 말한다.

"Men explain things to me, still. And no man has ever apologized for explaining, wrongly, things that I know and they don't."●

여전히 남자들은 저에게 뭔가를 설명하고 가르치려 합니다. 그리

● Solnit, R. (2015). *Men Explain Things to Me*. Chicago: Haymarket Books.

고 그 어떤 남자도 나는 알고 자기들은 모르는 무언가를 내게 잘못 가르친 것을 사과한 적은 없습니다.

그 50대 백인 남자 강사가 다음에 또 다시 그런 행동을 한다면 아선생은 주저 없이 말할 것이다.

"Do you realize what you're doing is whitesplaining?"
지금 댁이 하는 행동이 whitesplaining이라는 거 아세요?

혼자 씩씩거리면서, 다음에 이런 일이 또 생기면 그의 행동을 whitesplaining이라고 해야 할지 mansplaining이라고 해야 할지 묻는 내게 캔디스가 씁쓸하게 대답했다.
"그 사람이라면 둘 다겠지, 뭐."
그렇지만 나에게 한 그의 지적질이 완전히 틀렸다는 사실을 내가 증명해 낸 바로 그날 이후, 그는 내게 늘 말조심을 했다. 그러니 나의 그런 시도가 전혀 시간 낭비는 아니었던 셈이다.

성차별을 풍자하는 유행어에는 Mansplain과 더불어 Male muter라는 표현도 있다. Male muter란 남자인 자기가 아무리 설명해 봐야 똑똑하지 못한 여자가 이해 못할 것이기 때문에 여자에게는 설명할 필요조차 못 느끼는 부류의 남자들을 말한다. 이쯤 되면 어떤 남자들은 이렇게 말할 것이다.

"도대체 설명을 하라는 거야, 말라는 거야? 여자들을 도무지 이해할 수가 없네!"

그런 남성 분들에게 드리고 싶은 말씀은, 솔직히 설명을 하고 안 하고는 별로 중요한 사안이 아니라는 점이다. 상대가 누구든 진심으로 존중하는 태도로 대한다면, 설명을 해야 할지 말아야 할지로 고민할 일은 없을 것이다. 평소에 상대를 존중하는 태도로 대하면, 어느 날 설사 어떤 말실수 때문에 오해가 생기더라도 쉽게 풀릴 가능성이 크다. 아선생의 경험으로 볼 때 큰 문제를 일으키는 사건의 근본적인 원인은 말실수 그 자체보다는, 언제나 평소 그 사람을 대하는 태도에 있었다.

지금까지 미국 영어에 존재하는 유행어 몇 가지를 통해서 현재 미국인들 사이에서 자주 거론되는 주요 쟁점들을 살펴보았다. 더불어 이 칼럼에 소개된 일화들을 통해 독자들이 가공되지 않은 미국인들의 일상적인 이야기와 문화를 접해 보는 계기가 되었기를 바란다.

말하기와 글쓰기에 관련된 한미 문화 차이

_미국인과 우리의 이야기 서술 방식 차이

미국 오리건 주립대Oregon State University에서 나라마다 의사소통하는 방식이 다르며, 그런 문화적 차이로 인해 달라지는 각 나라의 글쓰기 방식을 영어 교육자들에게 소개하는 교육용 비디오를 제작한 적이 있다. 아선생은 그 영상에 나온 에콰도르 학생과의 인터뷰가 상당히 흥미로웠는데, 그녀는 에콰도르를 포함한 남미 문화권에서는 이야기를 전달하는 방식이 대체로 이런 식이라고 한다.

"너 파블로 알지? 걔가 메리하고 그렇고 그런 사이였잖아. 그런데 말이야, 후안 알아? 후안도 메리를 좋아했거든. 어젯밤에 우리 다 같이 파티를 했는데, 그 파티에 파블로하고 후안, 그리고 메리까지 전부 다 왔지 뭐야. 걔네들이 다 함께 술을 마시기 시작했는데……"

그러니 이들의 이야기는 끝까지 들어보지 않으면 화자가 하고자 하는 말의 요점을 알 수가 없다. 그런데 동시에 이 에콰도르 학생은 미국 사람들은 자기들과는 전혀 다른 방식으로 이야기를 전달한다는 점을 지적한다. 미국인들은 보통 하고 싶은 말의 요점부터 맨 처음에 먼저 꺼내고 나서, 그 뒤에 세부 사항을 덧붙이는 방식으로 이야기하기 때문이다. 예를 들어, 그녀는 앞의 똑같은 이야기를 자신의 미국인 친구라면 이렇게 전할 것이라고 말한다.

"어제 무슨 일이 있었는지 아니? 파블로하고 후안이 메리 때문에 싸웠어. 그게 어떻게 된 거냐면…."

미국인들은 이렇게 일단 결론부터 말해 놓고 난 후에 그런 결론에 이르게 된 세부적 내용을 점점 덧붙이는 방식으로 이야기를 전달한다. 내게 미국과 남미의 이야기 서술 방식의 차이를 설명하는 그녀의 인터뷰가 재미있었던 이유는, 우리 한국인의 의사소통 방식 역시 남미인의 그것과 매우 흡사하기 때문이다. 예를 들어, 다음은 얼마 전에 우리 어머니가 친구 분과 한 전화 통화 내용이다.

"○○ 아부지가 심장에 이상이 있는 것 같아서 큰 병원에 검사받으러 갔거든. 그랬는데 검사해 보니까 심장에는 아무 이상이 없다 카더라고. 근데 도대체 심장이 와 그런가 해서, 다른 검사를 받아 봐야 하나 하고 있었거든. 니도 알제? 그 사람이 당뇨도 있었다 아이가! 그래서 내과 선생님한테 우째야 하는지 물어보고 있었는데…"

어머니 친구 분은 한참 동안 당신 남편이 병원에서 경험했던 그 모든 에피소드와 검사 과정을 설명하셨는데, 놀랍게도 이 이야기의 결말은 결국 그러다 ○○ 아버지가 그 병원에서 돌아가셨다는 것이었다. 전화를 끊자마자, 어머니께서는 "○○ 엄마는 말을 꼭 이런 식으로 해서 이 사람 말은 끝까지 다 들어봐야 무슨 말을 하는지 안다니까!"라고 하셨다. 하지만 어머니의 친구 분뿐만 아니라, 실제로 많은 한국인들이 이런 방식으로 이야기를 서술한다. 다시 말해, 우리 대부분은 주요 요점 즉, 결론을 이렇게 마지막에 서술하는 방식으로 이야기한다. 그래서 "한국말은 끝까지 들어봐야 안다"라고 하는 것이다. 게다가 우리가 학교 다닐 때 국어 시간에 배웠던 기초적인 이야기 서술 방식 또한 "기 – 승 – 전 – 결"이 아닌가! 하지만 만약 어머니와 어머니 친구 분이 미국인들이었다면, 대화는 기승전결의 전개 방식을 따르는 대신 이런 식으로 진행됐을 것이다.

"○○ 아부지 돌아가셨다."

"엄마야, 우짜다가?"

"처음에는 심장에 이상이 있는 것 같아서 큰 병원에 검사받으러 갔는데…"

보통 미국인들은 이렇게 단도직입적으로 요점부터 말하면서 대화를 시작하기 때문이다. 나라마다 다른 이런 이야기 서술 방식의 차이를 언어교육학계에서는 '말하고자 하는 메시지의 내용을 정리해서 전달하는 방식의 차이Organizational preference'라고 한다. 많은 언어학자들은 이야기 서술 방식에서 한국과 미국이 보이는 이 차이가 서로 다른 어순 때문이라고 주장한다. 영어 문장이 주어와 동사로 시작하는 것과 달리, 한국어는 서술어인 동사가 문장의 맨 마지막에 오기 때문이다. 아선생도 우리가 요점을 마지막에 말하는 문화Shared Patterns를 가지게 된 배경에 이런 한국어의 어순이 영향을 끼쳤을 것이라고 생각한다.

이런 차이 때문에, 아선생은 처음 미국에 와서 미국인 친구들과 대화할 때 예상했던 대로 대화가 진행되지 않아 답답했던 경우가 가끔 있었다. 이를테면, 기-승-전까지 이야기하고 드디어 결론 즉, 내가 하고자 했던 말의 요점을 막 말하려고 하는 순간, 미국인 친구가 그 대화를 끝내 버리고는 다른 화제로 전환하는 일이 일어나곤 했던 것이다. 그럴 때마다 그 친구가 내 말을 끝까지 들어주려는 인내심이 부족하거나, 혹은 나를 무시하는 것이 아닌가 하는 생각마저 들었다. 그래서 한 번은 "제발 내 말 좀 끝까지 들어줄래?"라고 짜증스럽게 말한 적도 있었다. 그러자 친구는 "어, 미안. 얘기 계속해 봐."라고 했다. 그때 너무나 미안해하면서 내 이야기를 끝까지 경청해 줬던 그 친구의 반응으로 미루어 보아, 아마도 두 나라의 이야기 서술 방식의 차이로 인해 친구는 내가 진짜 하려는 말을 이미 다 끝냈다고 생각해서 그랬던 것 같다.

미국인들의 이런 이야기 서술 방식은 말할 때뿐만 아니라 글을 쓸 때도 적용된다. 알다시피, 영어 에세이는 도입 단락에 주제문을 쓰고, 그 다음 단락부터는 주장을 뒷받침하는 세부적인 근거를 계속 이어간다. 그래서 미국의 영어 작문 시간에 강사들이 한결같이 하는 말은 "Do not surprise the readers독자들을 갑자기 놀라게 하지 마라!"이다. 이는 글쓴이가 본문 중간이나 결론에 가서 갑자기 새로운 주장을 제시하는 것은 좋은 글이 아니라는 뜻이다. 글을 쓸 때 이런 미국식 에세이의 구조를 정확하게 이해하는 건 단어와 문법 공부 이상으로 중요하다. 그래서 ESL(English as a second language) 글쓰기 시간에는 미국의 이런 글쓰기 문화 즉, 미국식으로 사고하고 글을 쓰는 방식부터 가르친다.

미국과 한국의 문화 차이가 글 쓰는 방식에 영향을 미치는 또 다른 예로 연결어(transition words) 사용이 있다. 아선생이 한국에서 책을 여러 권 출간하고 또 잡지에 칼럼을 기고하면서 깨달은 점이 하나 있는데, 한국의 편집자들은 접속사 사용을 최소화하려 한다는 점이다. 고백하건데, 아선생 글에는 접속사를 포함한 연결어가 자주 등장한다. 아선생은 이런 연결어 없이 다음 문장으로 넘어가는 게 왠지 어색하게 느껴지기까지 한다. 적절한 연결어를 사용해야 그 다음 내용으로 매끄럽게 이어진다고 생각하기 때문이다. 그런데 한국 출판사의 몇몇 편집자와 출판 작업을 하면서, 그들이 내가 써 놓은 접속사를 그냥 없애 버리는 경우를 종종 경험했다. 그러면 나는 그들이 갖다 버린 접속사를 최종 원고에 다시 데려다 놓기도 했다. 그런 식으로 편집자들과 줄다리기를 반복하던 와중에 좋은 글쓰기에 관한 어느 기사를 우연히 읽게 되었다. 그리고 한국에서 글밥 먹는 사람들은 내용상 논리적인 글은 접속사 없이도 앞뒤가 매끄럽게 연결돼야 한다고 생각한다는 사실을 알게 됐다. 아뿔싸!

내가 이 기사에 충격을 받은 이유는 오랫동안 미국 글쓰기 교육에 몸담고 있으면서 배운 사실과 너무도 상반된 내용이기 때문이었다. 미국에서는 접속사conjunctions와 접속부사conjunctive adverbs를 포함한 연결어를 잘 쓰는 것이 문장을 매끄럽게 연결하는 데 필수적인 요소라고 본다. 그래서 이 연결어를 학기 초에 중점적으로 다룬 후에, 학생들에게 글을 쓸 때마다 참고하라며 연결어 차트를 나눠 주는 작문 선생님들이 많다. 외국인을 위한 영어 교육뿐만 아니라, 미국 공립 중학교에 다니는 아선생 아이의 영어(우리의 국어) 교과서에도 작문 시간에 연결어를 중점적으로 다룬다. 오랫동안 이런 미국식 작문 교육을 해 오면서, 아선생은 연결어를 적절하게 사용해야 글이 매끄럽게 이어진다는 생각을 거의 강박관념처럼 갖게 된 것 같다. 그렇게 형성된 믿음이 한국어로 글을 쓸 때조차 표출되는 것을 보면, 사람은 역시 자신이 현재 속해 있는 문화권의 영향을 받을 수밖에 없는 존재인가 보다.

나는 두 나라의 글쓰기 방식에 이런 차이가 생겨난 이유가 한국이 고맥락 문화권인데 반해, 미국이 저맥락 문화권이라는 사실과 무관하지 않다는 생각이 든다. 여러 번 언급했듯이, 저맥락 문화권에서는 정황이나 문맥보다는 "직접적으로 오고 가는 말"을 훨씬 더 중요하게 여긴다. 그러니 두 문장을 연결할 때조차도 접속사나 접속부사와 같이 직접적인 말(단어) 즉, 연결어가 들어가야 매끄럽게 이어진다고 생각하는 것이다.

반면, 직접적으로 오가는 말보다 "주변 문맥과 맥락"이 상대적으로 더 큰 역할을 하는 고맥락 문화권인 우리나라에서는, 전체적인 맥락이 논리적이면 굳이 이런 하나하나의 단어(연결어)에 집착할 필요가 없다고 보는 것이다. 그러니 자연스럽게 연결어를 사용하지 않고도 전체적인 문맥이 논리적인 경우를 더 좋은 글이라고 여기게 되는 것이 아닐까 싶다. 이렇게 큰 틀에서 보이는 문화적 차이가 결국 우리들이 글을 쓰는 방식, 또는 말을 하는 방식과 같은 세부적인 차이를 낳기도 한다. 그러니 말과 글을 다루는 사람들은 문화라는 큰 그림을 외면해서는 안 될 것이다.

미국말 알아먹는 데 도움되는 미국인들의
Shared Knowledge

_그는 10%의 사나이?

"맨날 무시하고 기나 죽이고! 다 지 마누라랑 살고 싶지 세종대왕
이랑 살고 싶은 사람이 어딨냐고!"

드라마 〈동백꽃 필 무렵〉의 한 장면이다. 자신의 틀린 언어
사용과 맞춤법을 단 한 번의 예외도 없이 언제나 지적하는 아
내에게 남편 노규태가 울분을 토하면서 하는 말이다. 미국인
학생들에게 이 장면을 통역해 보여준 후, 이 남편이 아내의
어떤 점에 불만을 토로하는 건지 추측해 보라고 했다. 언어교
육에서 문화 이해도의 중요성을 깨닫게 하기 위해서, 아선생
은 학생들에게 때때로 이런 식의 엉뚱한 퀴즈를 던져 주곤 한
다. 다음은 그때 미국인 학생들이 한 대답이다.

"제 생각에는 세종대왕이 굉장히 권위적인 왕이 아니었나 싶어요.
그래서 부인의 그런 권위적인 성격 때문에 저 사람이 숨 막혀 한다
는 사실을 말하려는 것 같습니다."

"혹시 세종대왕이 굉장히 오만한 사람이었나요? 이 드라마 속 아내
의 캐릭터가 잘난 척하고 남들을 무시하는 성향이 있는 게 아닐까
싶은데…."

모두들 자다가 봉창을 두드리고 있던 바로 그때, 이 질문에 제대로 답한 사람은 서울의 한 대학에서 한 학기 동안 한국 문화 수업을 듣고 온 크리스틴뿐이었다.

"혹시 남편의 언어 사용과 관련해 어떤 문제가 있었나요? 맞춤법이나 뭐 그런 거? 전 "세종대왕" 하면 떠오르는 게 한글 창제라서요."

이렇게 노규태의 말을 크리스틴만이 정확하게 이해한 이유는, 그 수업을 들은 학생들 중에서 세종대왕이 한글을 만든 사람이라는 사실을 알고 있는 사람이 그녀밖에 없었기 때문이다. 바꾸어 말하자면, 이 장면에서 노규태의 대사를 온전하게 이해하기 위해서 필수로 알아야 하는 것이 바로 한국인이라면 누구나 알고 있는 사실Shared Knowledge인 세종대왕의 한글 창제다. 외국어를 제대로 알아듣기 위해서는 그 나라의 문화, 정확히 말해 이 경우 Shared Knowledge를 이해하고 있어야 한다는 것을 보여주는 사례다.

Shared Knowledge란 '그 나라 사람들 사이에서 공유되는 지식'을 뜻한다. 여기서 말하는 '지식'이란 교육 수준과는 무관하게 그 나라 사람이라면 누구나 알고 있는 것들을 의미한다. 실제로 영어 실력이 무척 고급 수준인데도 화자의 의도나 유머 등을 이해하지 못하는 이유는, 단어나 문법 때문이 아니라 그 속에 내재된 미국인들의 Shared Knowledge를 알지 못해서인 경우가 대다수다. 예를 들어, 〈스티븐 콜베르 쇼 The Late Show with Stephen Colbert〉의 한 장면을 보자. 낙태가 금지된 조지아주의 경우, 임신한 여성이 다른 주에 가서 낙태를 하고 돌아오더라도 징역 10년을 구형한다는 법을 설명하면서 그가 한 말이다.

"If a Georgia resident plans to travel elsewhere to obtain an abortion, when she comes back, she could face 10 years' imprisonment. Now we know why she was taking a midnight train to Georgia. She was sneaking past the cops!"

만약 조지아주 주민이 다른 주에 가서 낙태를 할 계획이라면, 그녀가 조지아주로 돌아왔을 때는 징역 10년 형에 처할 수 있습니다. 이제야 우리는 왜 그녀가 조지아주로 가는 밤 12시 기차를 탔는지 알겠어요. 경찰을 피해서 몰래 가려고 그랬던 거죠!

스티븐 콜베르 씨가 밑줄 친 부분을 말할 때 청중들은 박장대소한다. 이 문장이 웃긴 이유는, 문장 자체에 어떤 의미가 있어서가 아니라, 이게 노래 제목Midnight Train to Georgia을 이용한 말장난이기 때문이다. 비슷한 예를 한국 노래 가사/제목으로 만들어 보면 이렇다. 호남 지역에 대규모 재개발을 하게 돼서 호남 땅값이 갑자기 폭등한다는 뉴스가 나왔다고 가정해 보자. 그때 누군가 이런 농담을 할 수도 있을 것이다.

"아, 그래서 서울 부동산업자들이 비 내리는 호남선 남행열차를 탄 거군요."

김수희 씨의 〈남행열차〉 노래 가사를 모르는 사람은 이 말을 듣고도 유머인지조차 알지 못할 것이다. 마찬가지로 스티븐 콜베르 씨의 말장난을 온전히 이해하기 위해서는 Midnight Train to Georgia라는 노래를 알아야 한다. 다시 말해, 미국의 성인들이라면 대부분이 다 아는 이 노래 즉, 미국인들의 이 Shared Knowledge를 모르면 그의 말이 웃기지도 않을 뿐더러, 왜 웃긴지 온전하게 이해할 수도 없을 것이다.

물론 이런 사례는 비일비재하기 때문에 이 칼럼 하나에 모두 담아낸다는 것은 불가능하다. 그러나 미국인들의 기본적인 Shared Knowledge를 몇 가지라도 더 알아두면 미국 영어를 찰떡같이 알아듣는 순간순간들을 조금이라도 더 경험하게 될 것이다. "티끌 모아 태산"이라는 말은 이럴 때 적용되는 속담이라는 사실을 아선생은 오랜 영어 교육의 경험을 통해서 믿게 되었다. 그리하여, 이 칼럼에서는 그 티끌 중에서도 미국에 살면서 가장 자주 접하게 되는 "왕건이"들 몇 가지를 소개할까 한다. 지금부터, 아선생이 플로리다 주립대 미국인 학생들에게 주었던 것과 똑같은 방식으로 미국 문화 관련 퀴즈를 내드리겠다.

Amy: Did you see Jerry's bumper sticker? It's a Confederate flag!

Sarah: Oh, my God! I'm so disappointed in him!

에이미: 너 제리가 자동차 범퍼에 붙이고 다니는 스티커 봤니? 남부 연합기더라니까!

새라: 세상에! 걔한테 진짜 실망이다!

<퀴즈> 앞의 대화에서 새라가 제리에게 실망한 이유는?

이 대화에서 새라가 제리에게 실망한 이유를 알기 위해서는 일단 남부연합기Confederate flag가 무엇인지부터 알아야 한다. 도대체 남부 연합기가 무엇이기에, 새라가 그것을 차에 붙이고 다니는 제리에게 그토록 실망한 것일까?

미국의 남북 전쟁(1861년 ~ 1865년)이 일어나게 된 요인에는 여러 가지가 있지만, 그중에서 가장 큰 원인은 남과 북의 흑인 노예 제도에 대한 견해 차이였다. 많은 경제학자들이 지적하듯이, 노예 제도는 그 당시 미국 남부 경제를 이끄는 중심이었다. 당연히 노예 제도 폐지를 원치 않았던 남부 주들은 대동단결하여 이를 폐지하려는 북부 주들에 맞섰다. 이때, 남부 주들이 연합해서 만든 깃발이 바로 남부 연합기 즉, Confederate flag이다. 그러니 이런 남부 연합기를 바라보는 외부인들 즉, 남부를 제외한 다른 주 출신 미국인들의 시선이 고울 리가 없다. 실제로 남부 백인들 중에도 남부 연합기를 더 이상 사용해서는 안 된다고 주장하는 사람들이 꽤 많다. 적어도 아선생이 아는 남부 출신 백인들은 모두 그렇다. 일례로, 월스트리트 저널이 남부 연합기를 보는 미국인들의 여러 가지 다른 관점을 다룬 적이 있는데, 그때 Ivy Rain이라는 흑인 여성이 이렇게 말했다.

"...slavery, oppression, and K.K.K. terrorism. I think that's what their flag stands for."

…노예 제도, 탄압, 그리고 K.K.K.● 테러리즘. 저는 그들의 깃발(남부 연합기)이 상징하는 게 바로 이런 것들이라고 생각합니다.

이렇게 많은 미국인들에게 남부 연합기는 독일의 나치를 상징하는 깃발, 하켄크로이츠와 별반 다를 것 없는 혐오와 차별의 상징이다. 그럼에도 불구하고, 남부에서는 남부 연합기를 자동차 범퍼 스티커로 만들어 붙이고 다니거나, 집 앞에 걸어 두기까지 하는 사람들을 가끔 볼 수 있다. 물론 이들은 이 깃발이 그저 남부인으로서의 자긍심Southern Pride을 나타낼 뿐이라고 주장한다. 이들이 어떻게 생각하고 주장하든, 많은 남부 백인들을 포함한 대다수의 미국인들은 남부 연합기를 곱지 않은 시선으로 바라보는 것이 사실이다. 2015년 7월, 사우스캐롤라이나의 주청사에 걸려 있던 남부 연합기를 미국 내 부정적인 여론 때문에 내려야 했던 사건이 이를 증명한다. 바로 이런 연유로 남부 연합기를 차에 붙이고 다니는 제리를 새라는 인종 차별주의자라고 생각해서 실망했다고 말하는 것이다. 이렇게 지금 현재 미국인들의 대화 내용을 이해하기 위해

● Ku Klux Klan의 약자로, 흑인이 백인과 동등한 권리를 갖는 것을 반대하여 극단적인 폭력을 휘두르며 때때로 테러까지 감행하는 인종 차별주의 백인 단체. 이들은 남부 주들뿐만 아니라 북부의 뉴욕, 뉴저지, 펜실베니아주 등지에서도 활동했다. 실제로 뉴저지주에서 하와이로 이사한 아선생 남편의 친구는 뉴저지주에서 K.K.K. 회원을 만난 적이 있다면서 그곳에서 겪은 인종 차별 경험을 이야기해 준 적이 있다.

서도 미국의 기본적인 역사를 알아야 할 때가 종종 있다. 우리가 500년도 훨씬 전에 있었던 세종대왕의 한글 창제 사실을 알아야 드라마 〈동백꽃 필 무렵〉의 노규태 대사를 온전히 이해할 수 있듯이 말이다.

John: When I was traveling in Europe, I realized Europeans were kind of blunt and direct. I don't know why we Americans are so indirect.
Eric: You know why? That's because of the second amendment!
John: Come on!

존: 내가 유럽 여행을 할 때 보니까 유럽 사람들이 좀 무뚝뚝하고 직설적이더라고. 우리 미국인들은 왜 그렇게 간접적인 화법을 쓰는지 난 도무지 모르겠어.
에릭: 왜 그런 줄 아니? 수정 헌법 제2조 때문이지!
존: 설마!

<퀴즈> 앞의 대화에서 에릭이 하는 말은 무슨 뜻일까?

The second amendment란 직역하면 '수정 헌법 제2조'다.

이 법은 미국인들의 총기 소유의 자유를 보장하는 법이다. 그러니 에릭은 누구나 총을 사서 지닐 수 있는 미국에서 다른 사람 기분 생각 안 하고 말 함부로 했다가는 큰일 난다는 말을 농담처럼 하고 있는 것이다. 현재까지도 미국 사회에서 이 법안은 크게 논란이 되고 있기 때문에, 미국인들에게서 이에 대한 냉소적인 농담을 아주 흔하게 들을 수 있다.

Sam: Another hurricane is headed here, and it's a category 5!

Jessica: I guess we should tape up all the windows again.

샘: 여기 허리케인이 또 오고 있는데, 카테고리 5라고 하네!

제시카: 또 창문 전부 다 테이프로 붙여야겠네.

<퀴즈> 제시카가 창문에 테이프를 붙이자고 하는 이유는 뭘까?

플로리다주를 포함한 미국 남부 주에는 일 년에 여러 차례 허리케인이 온다. 특히 최근 들어서는 한 번 올 때마다 피해가 극심해져서, 허리케인 시즌이 되면 미국에서는 이에 대한 대화를 자주 듣게 된다. 허리케인 카테고리는 1에서 5까지 있는데, 숫자가 높을수록 강하다. 그러니, 샘은 카테고리 5인 가장 강력한 허리케인이 온다고 경고하는 것이다. 남부에 사는 미국인들은 강한 허리케인이 오면 창문에 테이프를 여기저기 붙이는데, 그렇게 하면 창문이 깨져서 산산조각 나는 것은 방지할 수 있다고 한다. 2005년 허리케인 카트리나가 휩쓸고 간 후 폐허가 된 뉴올리언스의 사진을 뉴스에서 봤는데, 여기저기 테이프가 붙여져 있는 창문들이 인상적이었던 기억이 있다.

(At a restaurant)

Michelle: Gosh, his service is horrible.

Laura: Yeah, I can say he's a 10% kind of guy.

(식당에서)

미셸: 저 사람 서비스가 진짜 엉망이네.

로라: 그러게. 저 사람은 10%에 해당하는 남자겠는 걸.

<퀴즈> 대화에서 로라의 밑줄 친 대사는 무슨 말일까?

이것이 식당에서 일어난 대화라는 걸 감안할 때, 우리는 이 두 여인이 말하는 "저 사람"이 웨이터라는 건 쉽게 짐작할 수 있다. 그런데 서비스가 형편없는 그를 10%의 남자라고 말하

는 이유가 뭘까? 그리고 이 문맥 속에서 10%는 정확히 무엇을 의미할까?

이를 이해하기 위해서는 미국의 팁 문화, 정확히는 일반적으로 미국인들이 식당에서 팁을 얼마 정도 남기는지를 알아야 한다. 사실 이것은 Shared Knowledge이기도 하지만, 동시에 Shared View라고도 볼 수 있다. 대부분의 미국인들은 식당에서 남겨야 하는 최소한의 팁이 세금sales tax 포함, 총 금액의 15~20% 정도라고 생각한다. 물론 굉장히 훌륭한 서비스를 받았을 경우에는 훨씬 더 많이 남기기도 한다. 그러나 가장 최소한으로 남겨야 하는 팁이 15~20% 정도라는 것은 현재 미국인들이 가진 대체적인 관점Shared View이다. 이 사실을 토대로, 우리는 로라의 "He's a 10% kind of guy."라는 말을 '팁을 최소한인 15%보다도 더 적은 10%만 남겨도 될 정도로 형편없는 서비스를 하는 남자'라는 뜻으로 해석할 수 있다. 물론 팁 문화가 없는 한국인의 입장에서는 형편없는 서비스를 하는 사람에게 왜 10%라도 팁을 남겨야 하느냐고 반문할 수도 있다. 그러나 대부분의 미국인들은 어떠한 경우에도 식당에서는 팁을 남기는 걸 일종의 의무라고 생각한다. 그러니 팁을 아주 조금만 남김으로써 당신의 서비스가 나빴다는 의사 표시를 충분히 할 수 있다고 말하는 것이다.

다음은 코로나바이러스 사태로 미국이 난리가 나고, 미국 50개 주 모두에서 확진자가 나오자, Late Night Show의 호스트 스티븐 콜베르 씨가 한 말이다.

"Now we're all in this together. No red states or blue states. Just 50 anxious pale states! This is a crisis that we have to face together."
우리 모두 지금 이 상황에 함께 놓여 있습니다. 붉은 주나 푸른 주가 따로 없습니다. 그저 불안에 떠는 창백한 50개 주가 있을 뿐이죠! 이건 우리 모두 함께 직면한 위기이거든요.
<퀴즈> 여기서 밑줄 친 문장의 의미는 무엇일까?

미국의 주요 정당은 트럼프 대통령이 속한 공화당The Republican Party과 오바마 대통령을 배출한 민주당The Democratic Party이다. 미국인들은 각 당을 상징하는 색에 따라서 공화당 지지 주를 "붉은 주Red State", 민주당 지지 주를 "푸른 주Blue State"라고 부른다. 플로리다처럼 공화당 지지자와 민주당 지지자가 반반

씩 섞여 있어서 선거 때마다 왔다 갔다 하는 주는 "보라색 주
Purple State" 또는 "왔다 갔다 하는 주Swing State"라고 부른다. 그
러니, 스티븐 콜베르 씨가 전국적으로 코로나바이러스 확진
자가 나오고 있는 지금은 정치색을 떠나서 모두가 함께 이 국
난을 극복해 가야 한다는 말을 하고 있는 것이다.

코로나 사태 관련 이야기가 나온 김에, 마스크를 쓰는 문제에
대해 마이애미 헤럴드에서 다룬 다음의 기사도 한번 보자.

Now that even the Centers for Disease Control
and Prevention recommends wearing some kind of
homemade face mask – like a bandanna or other cloth
covering you can make – we're seeing more people
doing so at grocery stores and out walking their dogs.
But, not surprisingly, there remains trepidation as to
whether or not you should wear a mask into a bank –
lest you be mistaken for Bonnie or Clyde.●

질병 통제 예방 센터에서조차 집에서 만든 마스크, 그러니까 머리
나 목에 두르는 천이나 집에서 만들 수 있는 얼굴 가리는 천이라도
쓰고 다니라고 해서, 우리는 더 많은 사람들이 슈퍼마켓에서나 개

  ● 2020년 4월 7일자 Miami Herald의 기사 〈Can you wear
a mask to go into a bank in South Florida? We get your
trepidation〉에서 발췌

를 산책시킬 때 그런 류의 마스크를 쓰고 다니는 것을 볼 수 있다. 그러나, 별로 놀랍지는 않지만, 은행에 갈 때 마스크를 써야 할지 말아야 할지에 대해서는 여전히 두려움이 남아 있다. 보니나 클라이드로 오해받지 않도록 말이다.

<퀴즈> 왜 마스크를 쓰고 은행에 가면 "보니" 또는 "클라이드"로 오해받을 수 있다는 걸까? "보니와 클라이드"가 누구이기에?

보니 파커Bonnie Parker와 클라이드 배로우Clyde Barrow는 1930년대에 유명했던 은행 강도 커플이다. 이 사건은 미국에서 가장 악명 높은 범죄 사건으로, 1967년에는 이들에 관한 영화까지 만들어졌다. 한국에서는 〈우리에게 내일은 없다〉라는 사뭇 비장한 제목으로 개봉됐다. 우리나라에서 악명 높은 범죄자 이름으로 빠지지 않고 등장하는 "신창원"이 있듯이, 보니와 클라이드도 미국인들 사이에서 현재의 20대부터 90대까지 모두에게 잘 알려진 인물들이다. 그러다 보니, 이들의 이름은 범죄자 커플의 대명사로 쓰여, "They're such a Bonnie and Clyde duo그들은 완전히 보니와 클라이드네!"와 같이 쓰이기도 한다. 앞의 신문 기사에서는 이들의 이름이 '은행 강도'라는 의미로 쓰였다고 보면 된다.

Sam: Are you gonna accept their job offer? It sounds like a great opportunity for you!

Paul: I've decided not to because it's the rival to the company I work for now. I don't wanna appear to be a Benedict Arnold.

샘: 그 일자리 제의는 수락할 거야? 너한테 정말 좋은 기회 같은데!

폴: 수락 안 하기로 했어. 왜냐하면 그 회사가 지금 내가 일하고 있는 회사의 경쟁사거든. 난 베네딕트 아놀드로 보이기는 싫어.

<퀴즈> 폴의 마지막 문장은 무슨 의미일까? 미국 영어에서 베네딕트 아놀드Benedict Arnold처럼 보이기 싫다는 건 대체 무슨 말일까?

우리 역사 속에 배신자 하면 신숙주가 있듯이, 미국 역사 속에는 베네딕트 아놀드가 있다. 신숙주는 단종과 사육신을 배신하고 수양대군의 편에 서면서, 모두에게 배신의 아이콘이 되었다. 그래서 쉽게 변한 신숙주를 꼬집기 위해, 쉽게 상하는 녹두나물을 "숙주나물"이라고 이름 붙였다는 설도 있다. 베네딕트 아놀드 역시 미국 독립전쟁 당시 처음에는 미국쪽 군인이었으나, 후에 미국을 배반하고 영국군이 되어 영국 군 부대를 지휘하며 미국과 싸웠다. 그러니 미국인들의 입장에

서 그는 당연히 배신자다. 물론 그가 왜 미국을 배신할 수밖에 없었는지 나름의 구구절절한 사연이 여기저기서 회자되고 있긴 하다. 하지만 이미 많은 미국인들이 그의 이름을 "배신자"의 대명사처럼 쓰고 있어서 네이버 영영사전에 Benedict Arnold를 치면 첫 번째 뜻이 다음과 같이 나온다.

[Noun] US A traitor (명사)(미국 영어) 배신자/반역자

지금까지 미국인들의 아주 기초적인 Shared Knowledge 몇 가지와 그를 내포한 대화를 살펴보았다. 눈치챘겠지만, 이런 것들은 하루아침에 책 한 권으로 마스터할 수 있는 종류의 지식이 아니다. 미국 드라마나 영화를 보다가 단어와 문법을 알아도 이해할 수 없는 말들이 나올 때마다 찾아보고 공부하면서 그렇게 하나씩 둘씩 알아가는 방법이 최선이 아닐까 싶다. 그렇게 다 알고 난 후 다시 한 번 같은 드라마나 영화를 보면 작은 디테일 하나하나를 모두 만끽하면서 느끼는 재미가 쏠쏠할 것이다. 그것은 마치 이미 본 명감독의 영화를 평론가의 리뷰를 꼼꼼하게 읽고서 또 다시 볼 때 느끼는 희열과도 같은 경험이 아닐까 싶다. 한마디로 신세계가 열린다!

3부

외국어 교육학 이론으로

알아보는 영리한 영어 공부법

슈미트Schmidt의 알아차려야 습득한다의 가설

The Noticing Hypothesis

_ 귀로는 들리는 영어가 왜 입으로는 나오지 않는 걸까?

아선생의 시댁 식구들은 1980년에 미국으로 이민을 왔다. 당시 남편의 둘째 누나는 한국에서 중학교를 다니다 왔기 때문에 남편과는 달리 한국어가 이미 모국어로 굳게 자리잡은 후에 미국으로 온 경우다. 그럼에도 불구하고 오랜 세월 동안 미국에서 교육받았고, 또 미국인 남편과 결혼해 살면서 영어를 써야 했기 때문에, 여전히 한국어 악센트가 남아 있긴 하지만 영어는 유창하게 하는 편이다. 그런 시누이가 아주버님과 함께 시애틀에서 플로리다주 우리 집을 방문하러 왔을 때, 나는 오크라_{okra}●를 활용한 요리를 대접했다. 그러자, 시누이가 아주버님에게 이렇게 말했다.

시누이: This is the okra.

미국인 아주버님: What okra?

시누이: It's a type of vegetable.

미국인 아주버님: I know what okra is, but what okra are you talking about? Did we bring some okra here?

시누이: 이게 그 오크라예요.

미국인 아주버님: 무슨 오크라요?

시누이: 채소의 일종이라고요.

● 아열대 채소로 여자 손가락 모양과 비슷하다 하여 어떤 나라에서는 "레이디핑거"라고도 부른다.

미국인 아주버님: 나도 오크라가 뭔지 알아요. 근데, 무슨 오크라라는 거예요? 우리가 여기 올 때 오크라를 가지고 왔나요?

이 짧은 대화 속에서 무슨 일이 벌어지고 있는지를 영어 공부가 생업인 아선생은 쉽게 파악할 수 있었지만, 시누이는 무슨 일인지 이해하지를 못했다. 간단히 말해, 이는 시누이가 관사를 잘못 사용해서 자신이 하려는 말의 의미를 바꿔 버리는 바람에 미국인 아주버님과 잠시 말이 안 통하는 상황이었다. 관사를 쓰지 말아야 할 자리에 정관사 the를 써서, 자신이 진짜 하려던 말의 의미가 바뀌어 버렸기 때문이다. 정황상 시누이가 하고 싶었던 말은 관사 없이 "This is okra." 즉, "이건 오크라예요/오크라로 만든 음식이에요."였다. 하지만 정관사 the가 더해진 문장은 "이것은 오크라예요."가 아니라, "이게 바로 그 오크라예요."라는 의미가 된다. 그러니, 그녀의 남편이 "무슨 오크라요?"라고 되물은 것이다. 오랜 세월 영어를 사용하면서 미국에서 살아온 아선생의 시누이가 왜 여전히 영어로 말할 때 이런 실수를 하는지 그 이유를 설명해 주는 이론이 있다. 바로 슈미트의 '알아차려야 습득한다의 가설The Noticing Hypothesis: Schmidt, 1986, 1990'이다.

아선생은 『미국 영어 회화 문법』 1권에서 크래션Krashen의 '이해 가능한 인풋 가설The Comprehensible Input Hypothesis, 1982'을 소개한 바 있다. 인풋Input은 이해가 가능해야지 습득이 된다는 이론이다. 참고로, 언어교육에서 인풋이란 학습자에게 입력되는 모든 언어 샘플을 뜻한다. 이를테면, 영어 강사가 학습자와 대화 시에 쓰는 영어 문장들, 학습자가 듣는 영어 음성 파일, 또는 학습자가 보는 영어책 등 학습자에게 노출되는 모든 형태의 언어 샘플이 학습자에게 입력되는 인풋이다.● 그런데 슈미트는 크래션이 인풋이라고 하나로 묶어 버린 이 모든 것들을 다시 둘로 나눠서, 다음과 같이 인풋과 인테이크Intake로 구분 지었다.

Input - What learners hear 학습자가 듣는 모든 영어
Intake - That part of the input that learners notice
인풋 중에서 학습자가 알아차리는 언어적 특성●●

정리하자면, 인풋은 학습자가 듣거나 읽는 모든 영어인 반면, 인테이크는 인풋 중에서 학습자가 "알아차리는 영어가 가진 언어적인 특성"을 말한다. 이때 언어적인 특성이란, 특정 문

● 김아영 (2019) 「미국 영어 회화 문법」 사람in출판사

●● Richards, C. J. (2008) *Moving Beyond the Plateau.* New York: Cambridge University Press.

법의 사용법일 수도 있고, 세밀한 발음의 차이나 억양에 관한 것일 수도 있다. 중요한 것은, 슈미트가 주장하는 바에 따르면, 오직 인테이크만이 외국어 습득의 기초 재료가 된다는 사실이다. 아선생은 슈미트의 이 이론을 해당 인풋이 가진 언어적인 특성은 모른 채 그 의미만 이해하고 넘어가는 것으로는 정확한 외국어 습득을 할 수 없다라는 뜻으로 이해했다.

아까 소개했던 아선생의 시누이가 자신의 미국인 남편과 했던 대화로 다시 돌아가 보자. 시누이가 미국에서 그 숱한 세월 동안 영어를 쓰고 살았으면서도 여전히 정관사 사용을 정확하게 하지 못하는 이유는, 정관사 the를 사용했을 때와 사용하지 않았을 때 그 의미의 차이점을 알아차리지Notice 못했기 때문이다. 변명을 하자면, 시누이는 공학 전공자로 언어를 포함한 문과보다 이과쪽으로 재능이 있는 사람이다. 물론 이런 문제를 안고 있는 외국어 학습자는 비단 아선생의 시누이뿐만이 아니다. 오랜 세월 영어를 써 왔지만, 여전히 현재완료 시제를 썼을 때와 단순과거 시제를 썼을 때 살짝 달라지는 의미 차이를 몰라서 문맥과 관계없이 아무 시제나 막 쓰는 사람, 십수 년 간 영어를 해 왔으면서도 전치사는 지속적으로 틀리게 사용하는 사람, 관사는 붙여야 할 때는 안 붙이고 안 붙여야 할 때는 붙여서 듣는 미국 사람 무진장 헷갈리게 하는 사람 등 우리 주변에서 사실 아주 흔하게 볼 수 있는 사례들이다. 그리고 때로는 그런 사람이 바로 나 자신일 수도 있다! 이렇게 우리가 틀린 영어를 쓰면서도 틀린 줄조차 모르는 이유는, 영어를 아무리 들어도 영어가 가진 그런 언어적인 특성들Linguistic features을 "알아차리지" 못했기 때문이다. 이런 현상은 비단 문법 사용에만 국한되는 것이 아니라, 정확한 발음이나 억양, 또는 문맥에 맞는 어휘 사용 등 영어가 가진 모든 언어적 특성을 다 포함한다. 슈미트가 발표한 이 이론은 수많은 외국어 교육자들에게 깊은 공감을 불러일으켰으며, 아선생도 무릎을 탁! 치게 만들었다. 하지만 곰곰이 생각해 보니, 이 이론은 사실 굉장히 평범한 상식처럼 느껴지기도 했다. 한번 생각해 보자. 들어서 알아차리지도 못한 언어적 특성을 어떻게 습득해서 자기 말로 만들 수가 있겠는가? 그러니 우리가 듣는 영어 중에서 "알아차린 것만" 습득할 수 있다는 슈미트의 이 이론은, 콩이 있어야 메주를 쑨다는 것과 거의 동급의 진리가 아닐까 싶다.

물론 우리가 모국어를 배울 때는 이런 식의 언어적 특성을 알아차림Notice 없이도 언어 습득이 자연스럽게 거의 자동적으로 이루어진다. 마찬가지로 어린 나이, 언어 습득에 정확히 결정적인 나이Critical Period인 대략 12-13세 이전에 배우는 외국어 습득의 과정 역시 이런 식으로 알아차리지 않고도 "직감 Intuition"만을 키우면서 정확한 습득이 가능하다. 왜냐하면 그 나이에는 외국어를 습득하는 과정이 모국어를 습득하는 과정과 매우 흡사하기 때문이다. 그러나 이 시기가 지나고 나면 이야기는 달라진다. 별다른 언어적인 감각이 없어도 외국어를 습득하는 데 어려움을 겪지 않는 12세 이전과는 달리, 그 결정적인 나이가 지난 후에 외국어를 배울 때는 언어적인 감각이 있는 사람이 더 빨리, 그리고 더 정확하게 습득한다. 아 선생은 우리가 12세 이후에 외국어를 습득할 때 큰 영향을 미치는 이 "언어적 감각"이라는 것이, 결국 우리가 듣는 인풋을 얼마나 많이 인테이크로 소화할 수 있느냐에 관한 것이라고 생각한다. 그리고 이것이 후에는 학습자의 영어 실력을 중급과 고급으로 나누는 데 결정적인 역할을 하게 된다.

그렇다면 우리가 듣는 인풋을 어떻게 하면 되도록 많이 인테이크로 전환시킬 수 있을까? 우리의 친절한 슈미트 씨는 인풋을 인테이크로 극대화할 수 있는 방법까지 총정리해서 가르쳐 주신다. 그래서 슈미트의 설명에 아선생의 구체적인 조언을 덧붙여 다음과 같이 깔끔하게 정리해 보았다.

첫째, 습득하고자 하는 언어적 특성을 자주 보거나 들어야 한다. 예를 들어, 만약 자신이 전치사 사용에 늘 어려움을 겪는다면, 각종 전치사가 들어간 문장을 일단 많이 보고 자주 접해야 정확한 사용법을 알아차릴 가능성이 높아진다.

둘째, 슈미트는 해당 언어적 특성을 학습자가 인지하는 것 또한 중요하다고 한다. 전치사 사용의 예를 계속 들자면, 예문을 그냥 듣기보다, 전치사 사용에 집중하면서 들어야 정확한 전치사 사용법을 인지하게 될 가능성이 훨씬 더 높아진다.

셋째, 해당 언어적 특성에 주목할 수 있도록 "전략적으로" 접근해야 한다. "전략적인 접근법"이 무엇인지, 계속해서 전치사로 예를 들어 보면 이렇다. 똑같은 문장이 전치사 하나만 바뀌었을 때 뜻이 어떻게 달라지는지 여러 예문을 찾아 살펴보면서 생각해 볼 수 있을 것이다. 그 예가 바로 다음의 예문이다.●

Can I get something to write with?

펜 좀 빌릴 수 있을까요?

Can I get something to write on?

종이 좀 빌릴 수 있을까요?

Can I get something to write about?

글의 주제를 주실 수 있으세요?

이렇게 노골적이리만치 "전략적으로" 만들어진 예문들을 보면서 전치사의 차이가 어떤 의미 차이를 만들어 내는지를 못 알아차릴 정도로 둔감한 사람은 없을 것이다. 잘 안 되는 발음의 경우는, 최소 대립쌍Minimal Pair 훈련●으로 극복할 수 있다. 한국인들을 위한 최소 대립쌍은 이미 수많은 영어 교재에 소개되어 있다. 이를 테면, Rice/Lice쌀/머릿니louse의 복수형, Rake/Lake갈퀴/호수, Rime/Lime서리/과일 라임 같이 헷갈리는 두 발음(이 경우, R과 L)을 제외한 나머지는 다 똑같은 두 개의 단어를 만들어서 반복해 들어보자. 한 50번 정도 듣다 보면 두 발음의 차이가 명확하게 들리는 순간이 오고야 만다! 그렇게 들어서 그 차이를 정확하게 인식할 수 있어야지 비로소 그 발음을 연습하는 것이 가능해진다. 즉, 귀로 들어서 두 단어의 차이

● pin과 bin처럼 한 가지 요소에서만 차이가 나는 한 쌍의 단어나 음 등을 나타내는 말 (네이버 영어사전)

를 알 수 있어야 입으로도 다르게 발음할 수 있게 된다는 말이다. 이런 식으로 문법이든 발음이든 영어가 가진 특성 하나하나를 지혜롭게 "전략적으로" 접근하다 보면, 어느 날 갑자기 정확한 영어를 구사하게 되는 기적이 일어난다.

마지막으로 슈미트는 개인의 정보 처리 능력 또한 언어 습득에서 매우 중요한 요소라고 주장했다. 그가 지적하듯이, 이는 학습자 개개인이 가진 언어 공부에 대한 소질과 적성에 관한 문제이기도 하다. 아선생이 영어 교육계에 오래 몸담고 있으면서 깨달은 사실은, 다른 분야와 마찬가지로 언어 역시 재능이 있는 사람이 더 빨리, 그리고 더 쉽게 배운다는 점이다. 그럼에도 불구하고, 동시에 아선생은 언어 쪽에 소질이 전혀 없는 사람이라도 꾸준히 여러 해 동안 노력해서 어느 정도 해내는 경우를 본 적 역시 꽤 있다. 그리고 이런 언어 습득 이론에 기초한 영리한 영어 공부법이 재능 없는 사람들이 "재능 없음"을 극복하는 데 큰 도움을 줄 것이라고 아선생은 믿는다.

스웨인Swain의 아웃풋 이론The Output Hypothesis

-배운 건 반드시 활용해서 상대방이 알아듣는지
확인을 하자!

앞서 다룬 슈미트의 이론이 상당히 설득력 있는 것과는 별개로, 그렇게 "알아차린" 언어적 특성을 연습해서 말하는 데도 미국인들이 못 알아들을 때가 있다. 이렇게 미국인들이 내가 하는 말을 잘 못 알아듣거나, 내 뜻대로 정확한 의사 전달이 잘 안 되는 학습자들은 또 어떻게 공부해야 할까? 이 질문에는 언어학자 스웨인이 아웃풋 이론The Output Hypothesis: Swain, 1985 으로 답한다.●

스웨인은 외국어를 습득하는 게 크래션이 말한 "이해 가능한 인풋Comprehensible Input"만으로는 충분치 않다고 했다. 그는 "이해 가능한 아웃풋Comprehensible Output"이 있어야 비로소 언어 습득이 가능하다고 주장했다. 언어교육에서 아웃풋Output이란 인풋Input과 대비되는 개념으로, 학습자가 생산해 내는 모든 언어 샘플을 말한다. 예를 들어, 말하기 시간에 학습자의 입에서 나오는 영어나 쓰기 시간에 학습자가 작문한 내용 같이 학습자가 생산해 내는 모든 형태의 영어를 아웃풋으로 보면 된다. 그러니 "이해 가능한 아웃풋"이란, 외국어 학습자가 하는 말을 원어민들이 알아들을 수 있는 상태를 말한다. 그런데 스웨인의 이 이론에서 가장 중요한 것은, 이해 가능한 아웃

● Swain, M. (1985) Communicative competence: Some roles of comprehensible input and comprehensible output in its development. In Gass, S. and Madden, C. (Eds.), *Input in Second Language Acquisition*. New York: Newbury House.

풋에 도달하려는 과정에서 우리 머릿속에서 일어나는 일들이다. 이를테면, 원어민이 내 말을 알아듣지 못하면, 우리는 발음도 달리해 보고 문장 구조나 단어 선택도 달리해 보면서 다시금 의사소통을 시도하게 된다. 이를 스웨인은 "푸쉬드 아웃풋Pushed Output"이라고 칭했는데, 이게 이 이론에서 무지하게 중요한 개념이다. 스웨인은 이런 학습자의 아웃풋이 언어 습득의 열쇠를 쥐고 있다고 주장하면서, 아웃풋이 가지고 있는 세 가지 기능을 다음과 같이 언급했다.●

첫째, 아웃풋을 통해 학습자는 자신이 말하고 싶은 것을 실제 해당 외국어로 정확하게 말할 수 없다는 사실을 깨닫게 된다는 점이다. 즉, 머리로 생각한 문장을 미국인에게 영어로 말했을 때, 상대가 못 알아듣는 부분을 통해서 자신의 영어가 가지고 있는 문제점 하나하나를 구체적으로 인지할 수 있게 된다는 말이다. 언어 습득 학자들의 표현을 빌자면, 이렇게 자신의 영어가 가진 "구멍hole"을 인지함으로써, 그 구멍을 메우려는 노력을 통해 비로소 다음 단계로 나아갈 수 있게 된다고 한다.●● 스웨인이 말하는 아웃풋의 첫 번째 기능을 잘 보여주는 사례를 아선생은 다음과 같이 경험했다.

178

● Pannell, J., Partsch, F., & Fuller, N. (2017). *The Output Hypothesis: From theory to practive.* TESOL Working Paper Series, 15.

●● Doughty, C., & Williams, J. (1998). *Focus on form in classroom second language acquisition.* New York: Cambridge University Press.

아선생은 외국어를 배우는 데 꽤 재능이 있는 편이라, 무슨 언어를 배우든 발음이 뛰어나다는 소리를 자주 들었다. 좀 재수 없는 발언이라고 생각이 든다면 정말 죄송하다. 그러나 나는 누구나 크든 작든 반드시 한 가지 분야에는 재능을 가지고 태어난다고 믿는 사람이니, 부디 오해 없기 바란다.● 어쨌든 발음에서는 미국에 온 첫날부터 아무런 문제가 없었기 때문에, 내가 하는 말을 미국인이 발음 때문에 못 알아듣는 일은 없을 것이라고 생각하며 행복한 나날을 보내고 있었다. 플로리다 주립대에서 영어를 가르치기 시작하기 전까지는!

영어 강사로 일하면서 첫 휴가를 보내고 학교로 돌아와서 동료 강사에게 나는 씨-월드는 별로더라라고 말하고 있던 중이었다. 가족들과 함께 씨-월드(SeaWorld: 플로리다주 올랜도 소재)에 갔던 일을 이야기하고 있었는데, 그때 우연히 우리 곁을 지나가다 내 말을 들은 케널 박사가 내게 물었다.

"C-word가 뭔가요?"

그분이 우리 대화를 중간부터 듣기 시작했기 때문에 문맥은 모르고 그저 그 순간 내가 말했던 발음만 듣고는 내 말

● 사족을 좀 붙이면, 나는 성공하는 사람과 성공하지 못하는 사람의 차이가 자신이 재능 있는 분야를 찾아내느냐 못 찾아내느냐에서부터 시작된다고 생각한다.

을 못 알아들었던 것이다. 바로 그때, 나는 당시 내 발음 체계가 가지고 있던 "구멍"을 알아차리게 됐다. 내가 발음하는 SeaWorld가 케널 박사에게 C-word라고 들렸다는 건 내가 영어에서 R과 L이 조합해 만들어 내는 소리를 정확하게 발음하지 못한다는 것을 의미했다. 나는 R도 L도 정확히 발음할 수 있었지만, 이 두 소리가 합쳐져서 내는 것은 또 다른 발음이었다. 그래서 내가 말하는 word와 world가 미국인인 케널 박사에게는 별 차이가 없는 발음으로 들렸던 것이다. 내 부연 설명을 듣고서야 무슨 말인지 알게 된 케널 박사는 그분 특유의 농담으로 이렇게 대화를 마무리했다.

"난 F- word F가 들어가는 영어의 욕설 단어도 아니고 C- word는 또 뭔가 했네요, 하하하."

학생들 앞에서 매일 영어로 영어 관련 강의를 해야 하는 난 그날 밤 R과 L이 합쳐져서 만들어 내는 그 소리를 제대로 발음해 낼 수 있을 때까지 연습에 연습을 했다. 요약하자면, 그날 내 아웃풋을 통해서, 나의 발음 체계에서 /rl/를 정확하게 구사하지 못한다는 "구멍"을 발견했고, 나는 그 구멍을 메우려는 시도를 통해서 한 단계 더 나아갈 수 있게 된 것이다.

둘째, 스웨인이 제시한 아웃풋의 또 다른 기능은, <u>아웃풋을 통해 학습자가 자신이 영어에 대해 가지고 있는 추정/추측을 시험해 볼 수 있다는 점이다.</u> 다시 말해, 내가 하고자 하는 말을 영어로 어떻게 표현할지 내 머릿속에서 추정해서 만든 문장을 아웃풋을 통해서 시험해 볼 수가 있다는 말이다. 이때 자신의 추정으로 만들어진 문장이나 발음을 미국인이 정확히 알아들으면 확인된 추정을 그대로 습득하게 된다. 반대로 알아듣지 못하면, 다르게 추정해서 또 다른 문장을 만들어서 시도해 보게 된다. 이 과정에서 자연스럽게 학습자가 가지고 있는 영어에 대한 문법, 발음, 억양, 단어 사용 등에 관한 지식은 끊임없이 업데이트된다. 스웨인은 이를 "지식의 재구성 restructuring of that knowledge"이라고 표현했다. 이런 과정을 보여주는 실례는 다음과 같다.

오래 전 아선생이 플로리다 주립대 영어 교육센터CIES의 초급 회화 수업을 할 때, 어느 학생이 이렇게 말했다.

"I listen to a music when I take a shower."

문맥상 이 학생이 하고 싶었던 말은 "저는 샤워할 때 어떤 노래 하나를 들어요."였다. 이를 영어로 정확히 표현하면, "I listen to a song when I take a shower."이다. 여기서 알 수 있는 사실은, 그가 음악을 뜻하는 music이라는 단어를 노래를 뜻하는 song과 동의어로 봤다는 것이다. 그로 인해, song과 같이 music도 셀 수 있는 명사라고 추정하고, 그 결과 "a music"이라는 아웃풋이 나오게 된 것이다. 알다시피, music은 추상명사이기 때문에 셀 수 없는 명사로 분류된다. 그의 아웃풋을 듣자마자, 아선생은 그 문장이 틀렸다는 점을 지적하면서 music과 song의 차이를 설명했다. 바로 그 순간, 그의 머릿속 언어 시스템, 정확히 말하자면 "영어 시스템" 속의 이 어휘와 관련된 관사 사용법은 재구성되었다. 그후, 그는 같은 실수를 반복하지 않았다. 이런 과정을 많이 거치면 거칠수록 학습자의 영어는 진짜 영어에 가까워진다.

셋째, 마지막으로 스웨인은 아웃풋이 만들어 내는 앞의 모든 과정을 통해서 학습자들이 메타언어적인metalinguistic 사고를 할 수 있게 된다고 한다. 메타언어적 사고란, 언어가 전달하는 내용을 떠나서 언어를 객관화해서 바라볼 수 있는 능력을 의미한다. 우리는 메타언어적 사고를 통해서 비로소 영어의 문법이나 발음 체계가 가지고 있는 특징들을 인지할 수 있게 되기 때문에, 이는 우리들의 정확한 언어 습득에 아주 깊이 관여한다.

스웨인이 이토록 구구절절 설명한 아웃풋 이론을 간단하게 요약하면 이렇다. 우리가 원어민들과 대화하면서 그들과 소통하기 위해 이런저런 노력을 하는 과정에서 우리가 하는 영어와 원어민들이 하는 진짜 영어의 구체적인 차이를 이것저것 발견하게 된다는 것! 그리고 그 차이를 인지하게 되는 것이 정확한 영어 습득의 원동력이 된다는 사실! 그러니 무엇을 하든 우리의 아웃풋이 중심이 되는 학습이 정확한 영어를 습득하게 되는 지름길이라는 말이다. 아웃풋이 중심이 되는 학습이란 그 어떤 공부를 하더라도 마지막에는 반드시 배운 내용을 실제 회화에 적용해 보는 과정을 포함시켜야 함을 의미한다. 이를테면, 배워서 알게 된 새로운 이디엄을 대화할 때 자신의 문장으로 직접 말해 보는 것, 또는 공부해서 알게 된 새로운 문법 사항을 활용해 문장으로 말하면서 상대방이 알아듣는지 살피는 것 등이 있겠다.

이 글을 읽는 독자들 중에도, 긴 세월 영어를 공부하면서 이것저것 시도해 봤지만 원하는 만큼 말하기 실력_{speaking skills}이 늘지 않아서 지쳐 있는 분들이 계실 것이다. 이런 분들은 이제 슈미트와 스웨인의 언어 습득 이론을 바탕으로 한 전략적인 방식으로 미워도 다시 한 번 영어에 접근해 보면 어떨까? 물론 이런 학자들의 이론에 기초한 공부 방법에 반신반의하시는 분들 또한 분명히 계실 것이다. 하지만 그렇게 "이론은 이론일 뿐"이라고 주장하시는 분들께 고 정주영 현대그룹 회장님께서 임원들에게 자주 하셨다는 말씀을 들려드리면서 이 칼럼을 마치고자 한다.

"그래서 해 보긴 해 봤어?"

영어 공부할 때 내적인 동기 부여의 구체적 방법

_노력하는 사람이 즐기는 사람 못 이긴다

"어린이 여러분, 채소를 많이 먹으면 몸도 튼튼해지고 키도 쑥쑥 자란답니다. 그러니, 우리 모두 채소 많이 많이 먹어요!"

〈뽀뽀뽀〉의 뽀미 언니가 한 이 말은 우리 엄마 입으로도 여러 번 반복되어, 밥상머리에서 수도 없이 돌림노래처럼 들어야 했다. 어린 나는 이 말을 들을 때마다 건강하고 튼튼해지기 위해 어쩔 수 없이 먹기 싫은 당근이나 시금치를 꾸역꾸역 씹어 삼켰던 기억이 있다. 이는 교육학에서 말하는 외적인 동기 부여Extrinsic Motivation의 한 예다. 채소를 먹어서 얻게 되는 이득을 강조하면서 채소를 먹어야 하는 당위성을 설파하는 데 중점을 둔 교육 방식이다. 이때 채소의 맛이나 아이의 개인적인 입맛과 취향, 또는 채소를 먹는 즐거움 등은 주요 고려 대상이 아니다.

그러나 아선생이 엄마가 되어 똑같은 방식으로 아이를 양육하려 했을 때, 고집 센 아이에게는 이 방법이 전혀 먹히지가 않았다. 그러던 아이가 자발적으로 채소를 먹기 시작한 것은 미국판 〈뽀뽀뽀〉라고 불리는 〈Sesame Street〉의 주인공들이 다음 노래를 부르는 것을 보고 나서부터다.

♫ Eating crunchy fruits and vegetables can't go wrong!

♫ Can't go wrong! Can't go wrong!"

아삭아삭한 과일과 채소를 먹는 건 결코 후회하지 않을 거예요!

절대 후회하지 않을 거예요! 맛이 없을 수가 없거든요!

근사한 록 밴드가 부르는 이 노래의 비트에 맞춰 엘모와 그의 친구들이 당근과 샐러리를 아삭아삭 씹는 소리는, 어른인 내가 듣기에도 절로 흥이 나는 청각적 쾌감을 선사했다. 채소를 씹어 대는 소리가 박자감이 뛰어난 하나의 완성된 음악을 만들 수 있다는 사실은 내게도 신선한 충격이었다. 이 노래를 크게 따라 부르며 춤추던 딸아이는, 갑자기 내게 샐러리를 달라고 했다. 샐러리를 씹으며 아삭아삭 나는 소리를 들으면서 깔깔거리던 딸아이의 사랑스런 웃음소리를 나는 평생 잊을 수 없을 것 같다. 그때부터 샐러리는 치즈와 함께 아이가 좋아하는 간식이 되었다. 이는 외적인 동기 부여와 상반되는 개념인 내적인 동기 부여Intrinsic Motivation의 한 예다. 채소를 먹어서 얻어지는 이득을 설파하며 아이에게 억지로라도 먹어야 한다고 강요하기보다는, 채소를 먹는 맛과 재미를 극대화시켜 보여줘서 아이들이 자발적으로 먹도록 유도하는 교육 방식이다. 아이를 키워 본 사람이라면 누구나 안다. 아이들은 무엇이든 재미가 있으면 열심히 한다는 사실을.

그렇다면 외국어 교육학자들이 말하는 외/내적인 동기와 동기 부여란 무엇일까? 브라운Brown은 그의 책, 『언어교육 원론: Principles of Language Learning and Teaching』에서 외적인 동기의 예로 돈, 상, 성적, 그리고 벌을 받지 않기 위해 하는 숙제 등을 들었다. 쉽게 말해, 외부에서 오는 보상을 위해 하는 모든 행동은 외적인 동기로 인한 것이다. 반면, 그는 내적인 동기의 예로 잘하고 싶은 마음excellence, 자율성autonomy, 자아실현self-actualization 등을 들었다.● 그리고 동기와 동기 부여에 관해 연구한 대부분의 교육학자들은 내적인 동기 부여가 외적인 동기 부여보다 훨씬 더 큰 효과를 낸다고 이구동성으로 말한다. 브라운과 리Lee는 그들의 책에서 이런 연구 결과들을 죽 나열하면서, 배움에 있어 내적인 동기가 외적인 동기보다 훨씬 더 강력한 원동력powerful driving force이라고 명시했다.●● 그리고 언어 교육계에서 20년 가까이 몸 담고 일해 온 아선생 또한 이들의 말에 200% 동의한다.

일례로, 하버드 대학을 때려치우고 자신이 하고 싶은 분야에

● Brown, H. D., & Lee, H. (2014). *Principles of Language Learning and Teaching:* (6[th]ed.). White Plains, NY: Pearson.

●● Brown, H. D., & Lee, H. (2015). *Teaching by principles: An interactive approach to language pedagogy* (4[th]ed.). White Plains, NY: Pearson.

곧바로 뛰어든 빌 게이츠의 사례를 보자. "하버드 대학 졸업장"이라는 외적인 동기보다는, 작은 차고에서 좋아하는 친구들과 함께 자신이 하고 싶은 일을 시작하고 싶던 내적인 동기로 인한 그의 선택이, 후에 그가 이룬 커다란 성공의 초석을 다지게 했다고 볼 수 있다. 대한민국이 낳은 세계적인 거장, 봉준호 감독도 마찬가지다. 1993년 그의 첫 단편 영화 〈백색인〉을 연출한 후부터 2003년 〈살인의 추억〉이 대박을 터뜨리기까지 그의 영화는 단 한 번도 흥행하지 못했다. 다시 말해, 〈살인의 추억〉 전까지 한국 사회가 봉준호에게 부여한 사회적 지위는 영화판의 "조감독"과 "시나리오 작가", 그리고 "흥행 못한 영화를 만든 감독"이었다. 그러니 당시 그의 작업 환경이 어땠을지, 그리고 그의 월 평균 수입이 어느 정도였는지를 짐작하는 건 그리 어려운 일이 아니다. 실제로 그는 어느 인터뷰에서 1995년도에 결혼해서 2003년 〈살인의 추억〉 개봉까지 경제적으로 너무 힘들어서, 대학 동기가 집에 쌀까지 갖다줄 정도였다고 밝히기도 했다. 10년이라는 결코 짧지 않은 시간 동안 영화를 만드는 그에게 주어진 "외적인 보상"이 그 정도 수준이었던 봉준호 감독. 그러니 그를 충무로, 아니 세계 최고의 감독으로 만든 원동력은 돈이나 명성 같은 외적인 동기가 아니라, 영화에 대한 그의 열정 같은 내적인 동기라고 보는 것이 합리적인 추론일 것이다. 요약하자면, 이 두 사람은 사회가 천편일률적으로 정해 놓은 보상이 중심이 되는 외적인 동기보다는, 자신이 스스로에게 부여하는 내적인 동기가 얼마나 어마어마한 동력이 될 수 있는지를 잘 보여주는 사례다.

하지만 불행히도 현재 40대인 아선생이 학창 시절에 겪었던 한국의 교육 과정은 꾸준하고도 일관되게 외적인 동기 부여 중심으로 되어 있었다. 그리고 언어교육학을 가르치고 있는 현재의 아선생은 그것이 상당히 잘못된 접근 방식이라고 생각한다. 일례로, 아선생은 고등학교 1학년 때 겪은 한문 시간을 지금도 생생하게 기억하고 있다. 그 전 시간에 1과에 나오는 모든 한자를 다 외워 오라는 숙제를 내 준 선생님은, 그날 교실에 들어서자마자 맨 앞줄의 남학생 한 명을 칠판 앞으로 불러냈다. 그 친구가 선생님이 불러주는 한자를 다 적어 내지 못하자, 선생님은 부리나케 교단으로 뛰어가서는 사정없이 그 친구의 뺨을 후려치기 시작했다. 한 대여섯 대쯤 그렇게 맞고 있던 친구는 힘에 부쳐 쓰러졌고, 선생님은 그에게 똑바로 서라고 고함을 질렀다. 거의 고등학교에 입학하자마자 겪은 일이기에 나는 충격과 경악이 담긴 표정으로 그 선생님을 바라보았다. 그 순간 너무 무서워서 덜덜 떨고 있는 내 모습을 어떻게 감출 수가 없었다. 그런 나와 눈이 마주친 그 한문 선생님은 야릇한 미소를 짓더니 갑자기 부드러운 톤으로 목소리를 바꿔서 말했다.

"무서워? 무서우면 공부하면 되잖아."

아선생은 이렇게 영화 같은 학창 시절을 보냈다. 장르는 호러! 지금 생각해 보니, 그것은 "교육"이라기보다는 정신과 치료를 필요로 하는 행위이다. 그럼에도 불구하고 어쨌든 학교에서 벌어진 일이니, 그가 한 행동을 일단 교육이라고 쳐주자. 그럴 경우, 그의 교수법(?)은 브라운이 외적인 동기의 예로 든 "벌을 받지 않기 위해 하는 숙제"의 카테고리에 들어갈 수 있을 것이다. 하지만 이런 교육 방식은 맞아서 아픈 것보다 아이에게 수치심을 불러일으키는 것이 더 큰 문제다. 김찬호 사회학 박사는 이런 식으로 아이들의 수치심을 활용하는 교육 방식이 외면적인 규제 효과가 있을지는 몰라도 내적인 변화를 일으키기는 어렵다고 한다.● 생각해 보라. 이런 교육 방식이 아이의 내면에 어떤 변화를 일으키겠는가? 트라우마나

● 김찬호 (2014) 「모멸감」 문학과 지성사

남기지 않으면 다행일 것이다.

물론 앞의 사례는 외적인 동기 부여의 다소 극단적인 예라고
볼 수 있으니, 이제 정상 범주에 들어가는 외적인 동기 부여의
사례도 살펴보자. 영어 교육을 예로 들자면 이렇다. 아선생의
고등학교 선생님들은 영어가 문과 수능 시험에서 가장 큰 비중
을 차지하기 때문에 좋은 대학에 가려면 열심히 해야 하는 과
목이라고 끊임없이 반복해서 얘기했다. 그리고 그것은 나를 포
함한 우리 반 모든 아이들이 국, 영, 수를 다른 과목보다 더 열
심히 공부해야 하는 이유이기도 했다. 특정 문법이나 단어 또
한 마찬가지였다. 언제나 밑줄 긋고 집중해서 공부해야 하는
부분은 해당 문법이나 단어가 "시험에 잘 나온다"는 이유 때문
이었다. 하지만 더 큰 문제는, 입시가 끝난 후 대학에 들어가서
도 사정이 크게 달라지지 않았다는 점이다. 모두들 취직하려면
토익 점수가 있어야 한다면서 영어는 토익 시험을 중심으로 공
부하라고 조언했다. 그리고 대부분의 회사들이 영어로 면접을
본다는 이유로 회화 연습을 하라고 조언하는 사람도 있었다.
그러나 그 누구도 어떻게 하면 회화에 필요한 문법을 지루하지
않게 접근할 수 있는지, 또는 새로운 단어를 재미있게 습득할

수 있는 방법이 무엇인지를 알려주지는 않았다. 아선생이 무엇보다 안타까운 것은, 외국어를 공부한다는 것이 내 삶에 얼마나 다채로운 즐거움을 가져다 줄 수 있는 일인지에 대해서는 그때 아무도 말해 주는 사람이 없었다는 사실이다. 이런 식의 교육 하에서는 모든 배움의 과정이 시험 성적을 잘 받기 위한, 또는 취직을 잘하기 위한 도구로 전락해 버린다. 아선생이 보기에 이보다 더 심각한 문제는, 이런 분위기 속에서는 학습자들이 배우는 과정에서 느낄 수 있는 흥미나 재미, 또는 즐거움이 전혀 고려의 대상이 되지 않는다는 점이다.

그렇지만 도구는 도구의 역할만 할 뿐인지라, 목적을 달성하고 난 후에는 더 이상 들여다 볼 이유도 동기도 없다. 이것이 바로 외적인 동기가 가진 한계다. 그런데 이런 "외적인 동기"와는 전혀 다른 성격을 갖고 있는 것이 바로 "내적인 동기"다. 스노우 Snow가 그의 책에서 지적하듯이, 내적인 동기는 시험이 끝나고도 사라지지 않기 때문이다.●

그렇다면 이토록 많은 교육학자들이 이구동성으로 효과적이라고 입을 모으는 "내적인 동기"란 정확하게 무엇을 말하는 것일까? 브라운은 에드워드 데시Edward Deci의 말을 인용해서

● Snow, D. & Campbell, M. (2017). *More than a Native Speaker: An Introduction to Teaching English Abroad*. Alexandria, VA: TESOL International Association.

그의 책에서 내적인 동기를 다음과 같이 정의했다.

"Intrinsically motivated activities are ones for which there is no apparent reward except the activity itself. People seem to engage in the activities for their own sake and not because they lead to an extrinsic reward."●
내적인 동기 부여로 인한 활동은 활동 그 자체 이 외에는 겉으로 주어지는 보상이 전혀 없는 것을 의미합니다. 사람들은 그 일이 외적인 보상이 주어지기 때문에 하는 것이 아니라, 그 활동 자체가 좋아서 하는 것처럼 보이는 거죠.

한마디로, 내적인 동기로 인한 활동이란 돈이나 좋은 성적과 같은 콩고물이 떨어져서가 아니라, 그냥 그 자체가 좋아서 하는 일을 말한다. 더불어 브라운은 동기에 관한 수많은 연구가 내적인 동기로 인해 공부를 해야 그 내용이 우리 뇌 속에 더 쉽게 장기 보존long-term retention이 된다는 것을 증명했다는 점도 지적한다.● 인터넷에 떠도는 다음 말을 보면, 굳이 학계의 이런 연구 결과를 살펴보지 않더라도 많은 사람들이 이미 알고 있는 사실인 듯하다.

● Brown, H. D., & Lee, H. (2014). *Principles of Language Learning and Teaching:* (6[th]ed.). White Plains, NY: Pearson.

머리 좋은 사람이 노력하는 사람 못 이기고,

노력하는 사람이 즐기는 사람 못 이긴다.

자, 이 정도면 독자들에게 왜 내적인 동기 부여를 하면서 영어 공부를 해야 하는지에 대한 외적인 동기 부여가 확실하게 됐을 듯하다. 그렇다면 이제부터 알아야 할 것은 영어 공부를 할 때 내적인 동기 부여를 하는 구체적인 방법일 것이다. 현재 쿠웨이트 대학에서 영어를 가르치고 있는 낸시 숀펠드 Nancy Schoenfeld는 2013년 미국 텍사스주 댈러스에서 열린 테솔 TESOL 학회에서 학생들에게 내적인 동기 부여를 하게 하는 전략Motivational Strategies을 주제로 발표를 했다. 그는 내적인 동기 부여 전략의 4단계와 각 단계별로 실행할 수 있는 여러 가지 구체적인 방안들을 제시했다. 그중 교육자의 입장이 아닌 학습자의 입장에서 적용해 볼 수 있는 것만 추려서 제시한다.

1단계: 기본적인 동기 부여 조건 만들기 Creating basic motivational conditions

▶ Mistakes are your friends! 실수는 당신의 친구!

이것은 영어로 의사소통을 하다가 실수했을 때 학습자가 가져야 할 태도와 마음가짐에 관한 문제다. 아선생은 고등학교

1학년 때 미국인 선생님과 영어 회화 수업 시간에 그 전날 어이없는 실수를 한 이야기를 하면서 "I *took* a mistake!"이라고 말한 적이 있다. 실수한 이야기를 하면서 또 실수를 하다니, 얼마나 모자라 보였을까? 그때 미국인 선생님께서는 곧바로 "I made a mistake."이라고 실수를 고쳐 주셨다. 영어를 잘한다고 자부하던 아선생은 반 친구들 앞에서 그런 기초적인 실수를 했다는 사실이 많이 창피했지만 동시에 묘한 희열이 느껴지기도 했다. 그런 문맥에서 take는 쓸 수 없는 동사이며 make를 써야 한다는 사실을 바로 그 순간 새로이 깨달았기 때문이다. 그때까지 수많은 문맥 속에서 마구 써도 괜찮았던, 그래서 마법의 단어 같았던 take가 안 통하는 문맥 하나를 정확하게 깨우쳤다는 것! 그건 실로 유쾌한 일이었다. 요약하자면, 아선생에게는 그 실수로 인해 영어 속 세계에서 뭔가 새로운 법칙을 확실하게 깨우쳤다는 희열이 반 친구들 앞에서 들었던 창피한 감정을 압도하기에 충분했다는 말이다. 아선생은 외국어를 배우는 사람들은 자신이 하는 실수에 이런 마음가짐을 가져야 한다고 생각한다. 왜냐하면 바로 이런 태도가 자신의 실수를 성공적인 언어 습득으로 연결시켜 주는 다리 역할을 하기 때문이다. 게다가 이런 자세로 말하기 연습을 하면 남들 앞에서 실수할까 봐 전전긍긍하거나 스트레스 받는 일은 일어나지 않는다.

2단계: 초기의 동기 부여를 불러일으키기 Generating initial motivation

▶ Creating is better than copying!

무조건 따라 하기보다 자신의 문장으로 말하거나 쓰는 게 더 좋다!

숀펠드의 이 주장은 스노우와 캠벨이 영어 수업을 흥미롭게 만드는 방법으로 학생들이 강사와 최대한 진정한 의사소통을 해야 한다고as genuinely communicative as possible 주장했던 것과 일맥상통한다.● 이는 원어민과 영어로 의사소통할 때, 그냥 외운 문장을 반복해서 써 먹기보다는 자신이 직접 만든 문장으로 말해 보라는 뜻이다. 이런 연습 방식은 훨씬 더 재미있기도 하지만, 실제로 말하기 기술을 좀 더 효과적으로 갈고 닦는 방법이기도 하다. 물론 처음에는 책에서 외운 문장을 앵무새처럼 말하는 것과는 비교도 안 되게 많은 실수를 하게 될 것이다. 그러나 그런 과정을 통해서야 진정한 내 문장, 내 말을 만들어 갈 수가 있다. 이는 우리가 모국어를 습득하게 된 과정과 훨씬 더 가깝기도 하다.

● Snow, D. & Campbell, M. (2017). *More than a Native Speaker: An Introduction to Teaching English Abroad.* Alexandria, VA: TESOL International Association.

▶ Be relevant! 학생들과 관련이 있는(학생들의 삶에 유의미한) 주제를 택하라!

숀펠드가 영어 교육자들에게 한 발표이기 때문에 이렇게 해석했지만, 이를 학습자의 입장에서 응용하자면, 자신의 삶과 관련된 주제를 택해서 공부하라는 말이 된다. 이는 문법 공부에서도 적용해 볼 수 있을 것이다. 아선생은 『미국 영어 회화 문법』에서 문법을 문맥과 함께 공부해야 한다고 반복해서 주장했다. 그런데 대부분의 유명한 문법책에는 현재 우리의 삶과는 별 관련 없는 뜬금없는 예문들이 적지 않다. 그런 예문보다는 좋아하는 영화나 드라마, 혹은 노래 속에서 자신이 공부한 영문법이 어떻게 쓰이는가를 찾아서 분석해 보는 것이 훨씬 더 우리 삶과 직접적인 연관이 있을 것이다. 그런 경우, 학습자가 학습 자료에 대한 배경지식을 이미 가지고 있기 때문에 문장 이해가 쉬우며, 따라서 배우고자 하는 문법 사안에만 집중할 수 있다. 게다가 내가 좋아하는 드라마나 영화로 흥미를 느끼면서 공부하니 집중력은 배가 된다.

구체적인 예로, 아선생이 문법 시간에 명사절을 가르칠 때 종종 사용했던 방법은 노래를 이용한 액티비티였다. 학생들이 좋아하는 팝송을 들려주고 그 노래에 명사절이 몇 개나 나오는지 분석해 보도록 했다. 별로 흥이 나지 않는 노래를 선택했을 때조차도 학생들이 무척 재미있어했던 기억이 난다. 게다가 명사절을 공부할 때 알아야 하는 핵심 요소가 같은 의문사를 쓰면서도 의문문과는 다른 어순인데, 노래로 배우니 모든 학생들이 명사절 만드는 어순을 확실하게 외우고 습득했다. 노래뿐만 아니라, 어떤 드라마나 영화 속에서든 우리가 공부하는 문법 사항 하나하나의 예를 찾아보는 게 전혀 어렵지 않다. 그리고 이는 문법책에 등장하는 예문으로 하는 문법 공부보다 훨씬 더 흥미를 불러일으킨다. 무엇보다 많은 문법책에 등장하는 "If I were a bird, I would fly to you 내가 새라면 너에게 날아갈 텐데." 같은 예문과는 비교도 안 되게 생동감 넘치는 현실 영어 속 문법 사용의 실례들을 만날 수가 있다. 즉, 이렇게 배운 예문들은 대부분 내 삶 속에서 지금 당장이라도 사용할 수 있다는 말이다.

3단계: 동기 부여를 계속 유지하기 Maintaining and protecting motivation

▶ Present material in novel and interesting ways!
계속해서 새롭고 재미있는 방식으로 수업 자료를 사용하라!

숀펠드의 이 주장을 반복 학습이 중요한 듣기에 활용해 보면 어떨까? 듣기의 경우, 효과적인 반복 학습을 위해서는 자신이 재미있어하는 것, 그리고 여러 번 듣거나 봐도 질리지 않는 것을 선택하는 것이 무엇보다 중요하다. 요즘은 영어 교재도 재미있게 잘 나오지만, 영화, 드라마, 유튜브 등 흥미로운 영어 듣기 자료가 여기저기 널려 있다. 그런데 문제는 못 알아듣는 것을 그냥 반복해서 듣기만 한다고 실력이 늘지는 않는다는 사실이다. 앞서 언급했듯이, 크래션의 이해 가능한 인풋 가설에 따르면, 학습자가 알아들을 수 있는 것을 들어야 실력이 향상되기 때문이다. 이는 알아듣는 상태에서 반복해서 들어야 학습 효과가 극대화된다는 말이기도 하다. 게다가 정확히 모든 걸 다 이해하면서 들으면 깊은 재미를 느낄 수도 있다. 그래서 아 선생은 20대 때 좋아하는 영화를 하나 선정하고 그 영화의 대본을 구해서 공부한 적이 있다. 당시 직장 생활을 하던 중이라 따로 책상에 앉아서 영어를 공부할 시간은 없었다. 그래서 출퇴근하면서 지하철에서 영화 대본을 봤다. 너무나 좋아하는 영화여서 사전을 찾아가며 대본을 읽는 것조차도 무척 흥미로운 과정이었다. 그렇게 내용을 완벽하게 이해한 후에, 그 영화를 보고 또 봤다. 두 번쯤 보고 난 후에는, 그냥 일상생활 속 배경 음악처럼 사용했다. 즉, 아침에 회사 갈 준비를 할 때나 집

안 청소나 설거지를 하면서 그 영화를 그냥 켜 놓기만 했다는 말이다. 다른 일을 하면서 오며 가며 들었을 뿐이었는데도, 영화 속 이디엄이며 단어가 배우의 억양과 발음 그대로 입력되어 내 것이 되는 신기한 경험을 했다. 이렇게 무의식적으로 일어난 언어 습득 또한 지금 아 선생의 영어 실력을 이루는 자산이 되었다고 믿는다.

4단계: 긍정적인 자기 평가를 계속하도록 독려하기 Encouraging positive self-evaluation

▶ Give feedback regularly! 규칙적으로 피드백을 주어라!

정기적으로 자신의 영어를 구체적으로 점검해 보면 개선할 점도 보이지만, 동시에 어떤 식으로든 자신의 실력이 향상되고 있다는 사실 또한 깨닫게 된다. 이 또한 숀펠드가 영어 교육자들에게 한 말이지만, 우리는 이를 학습자의 입장에서 적용해 볼 수도 있다. 그런 의미에서 아선생은 스스로를 평가하는 셀프 평가Self-evaluation/Self-assessment의 개념을 소개하고자 한다. 스스로 하는 평가가 무슨 교육적 효과가 있을지 의심하는 독자들은 학습자의 셀프 평가에 대해 브라운이 하는 말을 한번 들어보자. 그는 자신의 저서 『언어 평가 사정: Language

Assessment』에서 셀프 평가의 가장 주목할 만한 효과는 "그 과정에서 앞으로 달성하고자 하는 학습 목표를 세울 가능성"에 있다고 한다. 또 자율적으로 스스로의 영어 실력을 평가해 보는 과정이 낳는 내적인 동기 부여와 그로 인한 목표 설정은 앞으로의 학습에 강력한 추진력으로 작용한다고 한다.●

그렇다면 셀프 평가는 대체 어떻게 하는 것일까? 같은 책에서 브라운은 셀프 평가에 사용할 수 있는 평가 척도가 담긴 도표를 예시로 보여주는데, 아선생이 그 중 몇 가지만 다음과 같이 추려 봤다.●

- 나는 모르는 단어가 나오면 일단 문맥 속에서 뜻을 유추해 본다.

5 4 3 2 1

- 내 발음은 정확한 편이다.   5 4 3 2 1

- 나는 시제와 관련해 거의 실수를 하지 않는다.   5 4 3 2 1

- 나는 작문할 때 접속사와 접속부사를 적절히 사용한다.

5 4 3 2 1

브라운이 예시로 보여준 앞의 도표를 참고해서 아선생이 독자들의 셀프 평가를 위한 체크리스트를 다음과 같이 만들어

● Brown, H. D. (2018). *Language assessment: principles and classroom practices* (3rd ed.). NY: Pearson Education ESL.

보았다. 물론 다음 리스트는 하나의 예일 뿐이니, 학습자 스스로가 자기 목표에 맞게 직접 만들어 사용하면 훨씬 더 큰 효과를 낳을 것이다. 참고로 점수 기준은 다음과 같다.

1 - 전혀 그렇지 않다.

2 - 대체로 그렇지 않다.

3 – 50대 50 비율로, 그럴 때도 있고 그렇지 않을 때도 있다.

4 - 대체로 그렇긴 하지만 가끔 실수를 한다.

5 - 항상 그렇다.

▶ 나는 영작할 때 접속사와 접속부사를 적절히 사용해서 문장과 문장 사이를 매끄럽게 연결한다.   (5 4 3 2 1)

▶ 나는 동사 시제를 문맥에 맞게 정확하게 사용한다.

(5 4 3 2 1)

▶ 나는 관사를 문맥에 맞게 정확하게 사용한다.

(5 4 3 2 1)

▶ 나는 시간 관련 전치사를 문맥에 맞게 정확하게 사용한다.

(5 4 3 2 1)

▶ 나는 장소 관련 전치사를 문맥에 맞게 정확하게 사용한다.

(5 4 3 2 1)

▶ 대부분의 원어민들이 내 발음을 정확하게 알아듣는 편이다.

⎛ 5 4 3 2 1 ⎞

▶ 바로 위의 질문의 답이 3점 이하일 경우,

주로 내가 어떤 발음을 할 때 원어민들이 못 알아듣는지 아래

칸에 써 보라.

▶ 나는 모르는 단어를 문맥을 이용해 추측했을 때 그 추측이

대체로 맞는 편이다. ⎛ 5 4 3 2 1 ⎞

물론 합계 점수가 높을수록 좋겠지만, 셀프 평가에서 현재의

점수는 중요하지 않다. 자신에게 맞는 목표를 설정하고 그에

따라 앞으로 나아간다는 데 의미가 있기 때문이다. 점수가 3

점 이하인 문항은 왜 그런 것인지 문제점을 파악해서, 구체적

이고 세부적인 학습 계획을 세워 보자. 그리고 총 합계가 30

점이 넘어가면 또 다른 목표를 설정하고 그에 따른 도표를 새

로 만들어 계속 정진하면 된다.

지금까지 영어 공부할 때 내적인 동기 부여를 하는 구체적인

방법들을 살펴보았다. 이런 방법으로 공부하다 보면 자연스

럽게 자기주도적 학습이 이루어진다. 스스로가 주인이 되는

공부는 그저 주어진 것을 따라가는 공부보다 훨씬 더 즐겁기도 하지만, 반드시 더 큰 효과를 보게 돼 있다. 그렇게 조금씩 효과를 보면서 느끼는 희열은 또 다른 내적인 동기 부여를 낳는다. 이왕에 해야 하는 영어 공부라면, 내적인 동기가 낳는 이 아름다운 선순환 속에 뛰어들어 신나고 알차게 해 보자.

스키마 이론과 Top-down 접근법

_영어를 이해하는 두 가지 방식

플로리다주의 미어터지는 코로나 확진자들 때문에 우리 식구들은 집 안에만 갇혀 지냈고, 아들내미는 2007년에 방영됐던 화제의 시트콤 〈거침없이 하이킥〉을 다시 보며 힘든 시기를 이겨내고 있다. 이 시트콤에 극 중 며느리(박해미 분)의 미국인 친구들이 방문했는데 시아버지인 이순재 씨가 영어를 못해서 진땀을 빼는 장면이 나온다. 그러나 우리의 예상과는 달리, 이순재 씨는 자신이 알고 있는 영어 단어를 총동원해서 며느리의 친구인 그 미국 여인들과 그럭저럭 소통을 해낸다.

미국인: This is Park Hae-mi's house, right?여기가 박해미네 집 맞아요?

이순재: 혹시 박해미라고 그런 거야, 지금?

미국인: Yes, Park Hae-mi!

이순재: 박해미?...찾다...파인드...You find 박해미?

미국인: Yes, we're looking for Park Hae-mi. This is her home, right?네, 박해미를 찾는데요, 여기가 해미네 집 맞아요?

이순재: 박해미? OK! OK! 박해미 home! Yes, yes, home, home, 박해미 home!

미국인: We're at the right place! Is it okay if we sit down here and wait for her?제대로 왔네요. 여기 앉아서 기다려도 될까요?

이순재: ...Sit down? Ah! OK, OK, sit down 오우~케이! 내 말이 통했어, 이거![●]

여기서 이순재 씨가 미국인 말을 이해하기 위해 사용하는 정보 처리 방식을 언어교육학에서는 Bottom-up approach _{세부적인 것에서 출발해 전체적인 내용을 이해하는 방식} 라고 한다. Bottom-up 접근법이란 "박해미", "Sit down" 같이 단어 하나, 표현 하나로 전체적인 문맥을 이해하려는 접근 방식이다. 실제로 많은 영어 초보자들이 듣기나 독해를 할 때 이 방법을 쓴다.

그러나 상급 듣기와 독해 교육에서 전문가들이 좀 더 큰 비중을 두는 접근법은 Top-down approach _{큰 그림에서 시작하여 세부적인 사항으로 진행되는 이해 방식} 다. 이때 큰 그림이란, 그 문장이나 글을 이루는 전체적인 맥락과 배경지식을 말한다. 그런 큰 그림을 바탕으로 세부적인 단어의 뜻을 유추해 보려는 시도가 바로 Top-down 접근법이다. Top-down 접근법을 효과적으로 사용하게 되면, 모든 단어의 뜻을 알지 못하는 상태에서도 전체적인 의미를 쉽게 파악할 수가 있다. Top-down 접근법의 대표적인 예인 스키마 이론_{Schema Theory}은 미국 독해 교육에서 가장 기초적으로 다루는 이론이다.

● https://www.youtube.com/watch?v=2mtZd3VjgUM

스키마Schema의 사전적 의미는 어떤 이론의 개요나 윤곽이다. 언어교육학에서 이는 쉽게 말해, 학생들이 해당 주제에 이미 가지고 있는 배경지식background knowledge을 뜻한다고 보면 된다. 스키마 이론에 따르면, 글을 읽거나 강의를 들을 때 우리가 가지고 있는 해당 주제에 대한 배경지식의 깊이는 우리의 이해도에 커다란 영향을 미친다. 우리 두뇌가 새로운 정보를 받아들여 이해하는 과정을 보면 그 이유를 알 수 있다. 우리 뇌는 새로운 정보를 접하게 되면, 기존에 우리에게 있던 지식과 새로 들어온 정보를 연결, 통합하는 과정을 통해서 그것을 이해하게 된다. 그렇기 때문에 이미 잘 알고 있는 익숙한 주제에 관한 지문이라면, 우리 실력에 비해 다소 어려운 단어가 등장하더라도 쉽게 이해할 수 있다. 물론, 반대의 사례도 가능하다. 즉, 충분히 아는 단어와 문법으로 구성된 지문임에도 불구하고, 그 주제에 관한 배경지식이 전무하여 독해가 잘 안 되는 경우 또한 허다하다.

이 이론을 좀 더 깊이 이해하기 위한 사례를 몇 가지 살펴보자. 아선생이 20대에 한국에서 토플 듣기 시험을 대비할 때 있었던 일이다. 모의 토플 듣기 시험용 강의가 "로봇의 관절을 만드는 물질"에 관한 내용이었다. 당시의 아선생이 평생 듣도 보도 못했던 주제였다. 사실 토플은 미국 대학의 전공 시험이 아니라 입학시험이기 때문에 전공자들이 보기에 그리 어려운 내용이 아니었을 테다. 그러나 공학, 아니 기초적인 화학에도 젬병인 "과포자" 아선생은 그런 주제를 다룬다는 사실 자체에 기가 팍 죽어서 시작할 수밖에 없었다. 그리고 예상대로 그 강의 내용을 다 이해하지 못했다. 그런데 학원에서 같은 시험을 본 화공학 전공자가 아선생에게는 어려웠던 그 듣기 시험에서 만점을 받았다. 영어 분야 전공으로 유학을 준비하는 아선생보다 언제나 모의 토플 성적이 저조해서 걱정이라던 그에게 아선생은 멋쩍어하며 말했다. "영어 못한다고 걱정하시더니, 듣기 실력은 저보다 나으시네요? 하하하…" 그런데, 놀랍게도 그 말에 그는 이렇게 대답했다. "에이, 그런 거 아니에요. 실은 강의하는 사람 말이 빨라서 저도 못 알아들은 부분이 꽤 있었어요. 하하하…" 어라? 강의를 다 알아듣지도 못한 상태에서 그 문제를 다 알아맞히다니! 결국 그는 "자신의 듣기 실력"보다는 이미 자신에게 있던 화공학쪽 배경지식을 잘 활용해서 알아듣지 못한 강의 내용까지도 전부 다 추측해 낼 수 있었던 것이다. 그리고 그가 적어 낸 답은 모두 정확했다. 4년 동안 대학에서 화공학을 공부했으니, 토플에서 다루는 정도의 기초적인 내용쯤이야 그에게는 식은 죽 먹기였을 테다. 바로 이 지점이 스키마의 위력을 보여주는 대목이다.

플로리다 주립대 영어 교육센터CIES에서 독해와 듣기를 가르치면서 아선생은 이 같은 사례를 매우 자주 목격할 수 있었다. 일례로, CIES 상급 독해반에서 중국 청나라 역사를 다루는 지문을 읽고 답하는 시험을 치게 한 적이 있다. 그런데 당시 독해 시험에서 높은 점수를 얻은 학생은 언제나 만점을 받던 멕시코 학생이 아니라, 그 학생보다 어휘력과 문법이 모두 많이 딸렸던 중국 학생이었다. 읽거나 듣는 주제에 관한 배경지식의 깊이가 이해력에 커다란 영향을 미친다는 것을 보여주는 또 다른 예다.

바로 이런 이유 때문에 미국에서 듣기와 읽기를 가르치는 선생님들은 언제나 해당 주제에 관해 학생들이 기존에 가지고 있던 배경지식을 십분 활용할 수 있도록 준비시키는 액티비티Activating prior knowledge로 수업을 시작한다. 학생들에게 생소하고 어려운 주제를 다루는 경우에는 해당 주제의 배경지식부터 쌓는 액티비티Schema building activity를 따로 준비한다. 특히 까다롭고 학문적인 내용을 다루는 강의를 듣기 전에 많은 시간을 이런 액티비티에 할애한다. 이는 미국의 영어 교육자들이 스키마를 독해와 듣기의 이해력을 결정하는 주요 요소로 보기 때문이다.

더불어 일상회화에서 듣기 실력 향상에 도움이 되는 Top-down 접근법도 살펴보자. 미국인들의 일상회화 속 구어체 스타일Colloquial Style 중에서도 특히 그들이 소통하는 패턴을 알아두면 단어와 문장의 참뜻을 이해하는 데 아주 큰 도움이 된다. 사실 이는 Shared Patterns의 일종이니, 문화의 영역으로 봐야 할 것이다. 쉬운 예로, 미국에 처음 온 유학생들은 미국인들이 종종 "How are you?"라고 물어 놓고는 자기 대답을 기다리지도 않고 그냥 지나가 버린다며 황당해한다. 하지만 이건 미국인들이 결코 무례를 범하려고 그러는 것이 아니다. 왜냐하면, 미국인들은 어떤 상황에서는 "How are you?"를 그냥 "Hello!"와 똑같은 인사말처럼 사용하기 때문이다. 이런 경우, 저쪽에서 "How are you?"라고 하면, 나도 똑같이 "How are you?" 하고 그냥 지나가면 된다. 그리고 이것은 굉장히 흔한 미국인들의 인사 패턴이기도 하다. 이 패턴을 인지하고 있으면, 이런 상황에서 "How are you?"가 무슨 의미인지를 쉽게 이해할 수 있으니, 어리둥절할 일이 없다. 그런데 만약 이를 Bottom-up 접근법을 써서, "How are you?"는 문법적으로 의문문인데, 질문을 해 놓고서 왜 대답을 듣지 않고 그냥 가는지 의문을 가지게 되면 미궁 속으로 빠지게 된다. 그래서 이런 경우에는 Bottom-up보다는 큰 그림을 이용하는 Top-down 방식으로 접근해야 실마리가 풀린다. 그렇기 때문에 미국인들의 커뮤니케이션 패턴 Shared Patterns을 다양하게 알면 알수록, 일상회화에서 문맥과 정황을 이해하는 것이 훨씬 더 수월해진다. 그러니 단어와 문법을 아무리 열심히 공부해도 독해나 듣기 실력이 크게 늘지 않는 사람이라면 앞으로는 Top-down 방식으로 영어에 접근해 보자.

4부

사회 문화적 측면에서 본

미국의 모습들

코로나 사태 초기 미국 내 이런 저런 모습들*

_아선생이 겪은 코로나 팬데믹

● 이 글은 미국 코로나 사태 초기인 2020년 3월 28일에 쓰였다.

2020년 3월 26일, 미국은 코로나 확진자 숫자가 전 세계에서 1등인 국가가 되었다. 힐러리 클린턴의 말처럼, 트럼프 대통령은 "America First"를 이루어 내겠다던 약속을 기어이 지키고야 말았다.

트럼프 행정부가 코로나 팬데믹에 대비해 아무런 준비도 하지 않고 있었다는 사실을 증명하는 데는 일주일도 채 걸리지 않았다. 코로나바이러스로 인한 팬데믹 경고를 계속해서 "짓궂은 장난hoax"이라고 말하던 트럼프 대통령이 갑자기 말을 바꿔 국가 비상사태를 선포했다면서, CNN을 비롯한 미국 뉴스 방송사들은 이를 신랄하게 비판했다. 그러더니 난데없이 3월 11일에는 트럼프 대통령이 당분간 유럽에서 오는 이들의 미국 입국을 모두 막겠다며 다음과 같이 발표했다.

"We will be suspending all travel from Europe to the United States for the next 30 days. The new rules will go into effect Friday at midnight."
우리는 30일 간 유럽에서 미국으로 오는 모든 여행을 중단시키겠습니다. 이는 금요일 자정부터 실시됩니다.

이렇게 갑작스러운 여행 제한 발표로 인해 그 당시 유럽에 있던 당황한 미국인들이 일제히 미국으로 들어오면서 미국 공항들은 난리가 났다. 미국의 국토안보부The Department of Homeland Security는 트럼프 대통령이 잘못 말한 것이라면서, 이 여행 제한 조치에 미국 시민권자와 영주권자, 그리고 그 가족들은 해당이 안 된다고 대통령의 발표를 정정해 줬지만, 때는 이미 늦은 것 같았다. 유럽에서 떼거지로 몰려 들어오는 미국인들로 인해 미국 공항들은 여기저기 마비가 될 지경이었으니 말이다.

일례로, 3월 14일 시카고 오헤어 국제공항O'Hare International Airport은 이런 전염병이 돌고 있는 와중에 마스크조차 안 쓴 사람들이 모두 다닥다닥 붙어서 아주 오랜 시간 함께 줄을 서 있는 상황을 연출했다. 대부분이 이미 지나치게 많은 코로나 확진자들로 감당이 안 되는 이탈리아를 포함한 유럽 국가에서 입국하는 사람들이었다. 그러니 그 많은 이들 중에서 코로나 감염자가 없을 리가 없었다. 이 모든 상황을 초래하고도 아무런 조치조차 취하지 않고 있는 대통령에게 화가 난 J. B. 프리츠커J. B. Pritzker 일리노이주 주지사는 그날 밤 트럼프 대통령의 트위터에 긴급하게 다음 메시지를 남겼다.

The crowds & lines (at) O'Hare are unacceptable & need to be addressed immediately. Since this is the only communication medium you pay attention to – you need to do something NOW.

These crowds are waiting to get through customs which is under federal jurisdiction.

지금 오헤어 공항에서 무리 지어 있는 사람들과 긴 줄은 용납할 수 없는 일이며, 당장에 해결해야 할 시급한 문제입니다. 트위터가 대통령께서 관심을 갖는 유일한 소통 수단이기 때문에, 여기 남깁니다. 당장 조치를 취하셔야 합니다!

지금 이 군중들이 세관을 통과하려고 기다리고 있는데, 그것은 연방정부 관할이잖소.

하지만 이 일리노이주 주지사는 바로 그 다음 날 CNN 뉴스에 나와서, 대통령의 트위터에 남긴 이 글 때문에 백악관의 한 직원이 자신에게 전화를 걸어 소리를 질렀다고 했다.

한편, 아선생이 몸담고 있는 플로리다 주립대는 3월 16일에서 22일까지 봄방학이었는데, 방학이 끝난 직후부터 학기 말까지 모든 수업을 온라인으로 하라는 지시가 떨어졌다. 컴맹인 아선생에게 이는 청천벽력과도 같은 일이었지만, 온라인 수업은 예상했던 것보다는 할 만한 것 같다. 오히려 지금 아선생을 힘들게 하는 것은 아이들이 학교고 어린이집이고 모두 문을 닫아서 가지를 못하는 것이다. 두 돌 지난 딸아이를 집에 데리고 있으면서 온라인으로 세 시간짜리 강의를 하는 것은 여간 스트레스 받는 일이 아니다. 다행히 15살인 큰 아이가 수업하는 동안만이라도 동생을 봐주고 있기는 하지만, 큰 아이도 곧 온라인 수업을 시작한다니, 그때 가서는 또 어떻게 대처해야 할지 막막할 따름이다. 하루하루를 이렇게 살얼음판 걷듯이 넘기자니, 벌써부터 지치는 것 같다. 그래도 어느 동료의 말처럼, 우리는 직장을 잃지는 않았으니, 힘들어도 감사하게 일해야 한다. 3월 26일자 워싱턴포스트지에 따르면 코로나 사태로 벌써 미국인 330만 명이 직장을 잃었다고 하니 말이다.● 물론 직장을 잃지 않은 사람들도 아이들이 학교에 안 가고 하루 종일 집에 있는 상태에서 재택근무를 하기 때문에 힘들지 않은 것은 아니다.

상황이 점점 더 악화되자, 어떤 미국인들은 이 바이러스의 발원지인 중국과 중국인들을 원망하기 시작했다. 한 백악관 소

● 2020년 3월 26일 워싱턴 포스트지 기사 〈A record of 3.3 million Americans filed for unemployment benefits as the coronavirus slams economy〉 중에서

속 직원은 코로나바이러스를 Kung-Flu^{무기 없이 공격하는 중국식 권}

^{법인 "Kung Fu"를 독감을 뜻하는 "Flu"와 합성한 신조어} 라고 불러서 기자들에게

호된 비판을 받았다. 어떤 이들은 이게 다 중국인들이 박쥐를

먹어서 벌어진 일이라며 그들을 힐난했다. 그래서 코로나바

이러스 관련 기사에는 이런 댓글이 달리기도 했다.

Leave the bats alone! 박쥐들 좀 제발 내버려 둬!

Was the bat soup delicious? I hope it was worth all this

trouble!

박쥐탕이 맛있더냐? 온 세계를 이 난장판으로 만들었으니, 그만한

가치가 있는 맛이었기를 바란다!

또 다른 미국인들은 중국 정부를 비난하기 시작했다. 중국의

시진핑 행정부가 우한에서 이 바이러스로 인한 폐렴이 발생

한 초기에 이 바이러스의 위험성을 알린 리원량을 포함한 여

러 의사들을 협박하고 이를 덮으려 했다는 것은 이미 많은 미

국인들에게 알려진 사실이다. 이를 바탕으로 플로리다주의

한 변호사는 코로나 팬데믹 사태로 인한 경제적 손실을 배상

하라며 중국 정부를 상대로 소송까지 했다. 이 변호사는 ABC

와의 인터뷰에서 다음과 같이 말했다.

"The Chinese government knew that COVID-19 was dangerous and capable of causing a pandemic, yet slowly acted, proverbially put their head in the sand, and/or covered it up for their own economic self-interest."●
중국 정부는 코비드19가 위험하며 세계적인 전염병 사태를 일으킬 수도 있다는 사실을 잘 알고 있었습니다. 그런데도 천천히 행동했지요. 마치 우리 속담처럼, 자기 머리를 모래 속에 박고는 이 사실을 덮으려 했습니다. 자신들의 경제적인 이익을 위해서 말이죠.

그런데 중국과 1도 관련이 없는 한국인이자, 심지어 언론의 자유를 억압하는 중국 정부의 행태를 혐오하기까지 하는 아선생이 이런 소식을 전하는 마음이 영 편치가 않다. 그 이유는 미국인들의 중국 정부 또는 중국인들에 대한 이런 혐오 정서는, 결국 아선생처럼 미국에 살고 있는 아시아인들 전체에 대한 혐오 정서로 변질될 가능성이 크기 때문이다. 실제로 3월 14일, 텍사스주의 "샘스 클럽"이라는 마트에서 어느 아시아인 아빠와 그의 두 아이들을 19세 히스패닉계 미국인 호세

● https://abcstlouis.com/news/nation-world/boca-raton-law-firm-sues-chinese-government-over-handling-of-coronavirus

고메즈Jose Gomez가 칼로 난도질하는 사건이 발생했다.● 많은 한국인들은 "인종 차별"이라는 단어를 들으면 주로 백인들을 떠올리지만, 실제로 미국 내 이런 종류의 인종 혐오 사건 뉴스를 보면 히스패닉계나 흑인들이 일으키는 것도 많다. 호세 고메즈는 다섯 살 난 아이와 그 애 아빠의 얼굴을 여기저기 칼로 찔렀다. 그런데 충격적인 것은 이 피해자들이 중국인도 한국인도 일본인도 아닌, 미얀마인들이라는 사실이다. 캘리 포니아주의 어느 지하철에서는, 한 태국 여성이 "중국 때문에 이런 더러운 병이 돌게 됐다"고 말하는 백인에게 봉변을 당하는 사건도 있었다. 우리 눈에는 확연히 달라 보이는 동남아시아 사람들까지도 모두 중국인으로 보는 그들의 눈에, 동북아 출신 한국인인 아선생과 가족들은 빼도 박도 못하게 중국인으로 보일 테다.

3월 중순 경 이런 뉴스만 찾아보던 아선생은 갑자기 불특정 다수의 미국인들에게 끓어오르는 분노를 주체할 수가 없었다. 어리석게도 그런 순간에는 아선생에게 잘해 주는 미국인 친구들과 지인들 생각은 하나도 안 난다. 그저 너무너무 화가 나서 견딜 수가 없었다. 이런 종류의 부정적인 감정은 빠르게

● 2020년 3월 15일 ABC뉴스 〈4 stabbed-including 2 kids-at Midland Sam's Club; man charged with attempted murder〉

전이되는 특징이 있다. 아선생의 그런 분노는 바이러스보다도 더 빨리 남편에게 전염되었다. 남편과 아선생은 혹시라도 그런 상황이 생기면 무슨 말로 그들에게 대항을 하고 망신을 줄지 구체적인 계획까지 세웠다. 그러던 중 남편이 일 관계로 새로운 사람을 만나게 되었다. 그런데 그 백인 남자는 남편을 보자마자 아주 조심스럽게 어느 나라 사람이냐고 물었다. 남편은 자기는 한국계 미국인인데, 그런 건 왜 묻느냐며 매우 신경질적으로 대답했다. 속으로는 '코로나의 C자만 꺼내 봐라. 내 너를 가만두지 않으리!'라고 굳게 다짐하며. 그러자 남부 시골 출신인 그 남자는 너무나 기뻐하면서 이렇게 말했다.

"오, 그렇군요! 그럼 이거 한 번만 봐 주세요. 제가요, 사 먹는 김치에 좀 질려서 직접 한번 김치를 담가 봤거든요. 그런데 이게 제대로한 게 맞는지, 아는 한국 사람이 없어서 어디 물어볼 데가 없었는데, 잘됐네요. 하하하."

그가 보여준 핸드폰 사진 속에는 수염 덥수룩한 덩치 큰 백인 남자가 김치를 만드는 전 과정이 담겨 있었다.

한국 뉴스만 보면 코로나 사태 이후 미국에는 온통 아시아인들을 혐오하는 사람들만 있는 것 같지만, 다행히 아선생 주변의 평범한 미국인들은 대부분이 이런 사람들이다. 적어도 지금까지는 그렇다. 오히려 다양한 인종들에게 열린 마음을 가졌을 거라고 생각했던 뉴욕과 캘리포니아에서 요즘 아시아인에 대한 인종 혐오 사건들이 심심찮게 터지는 것을 보면서 많이 놀라고 있는 중이다. 그리고 미국에는 인종 차별하는 사람들보다 이런 현상을 경계하고 비판하는 사람들이 더 많다. 앞서 트럼프 대통령에게 분노의 트윗을 남겼다가 백악관 직원에게 고함 소리를 들었다던 바로 그 일리노이주 주지사는 자신의 트위터에 이런 말도 남겼다.

"Let us remember that this virus is not tied to any specific ethnic group or race. People from every demographic, every race, ethnicity, gender or background have been infected. Suggesting otherwise or engaging in racist speech or acts is one of the most profoundly un-American things that I can think of…. Let's choose to be one Illinois."

우리, 이 바이러스가 어떤 특정 민족이나 특정 인종과 관련이 있는 것이 아님을 기억합시다. 모든 인구, 모든 인종이나 민족, 모든 성, 모든 배경을 가진 사람들이 다 감염되었습니다. 다른 식으로 말하거나 인종 차별적인 언사나 행동을 하는 것은, 제가 생각할 수 있는 가장 미국답지 않은 행동입니다. …(중략)… 우리 일리노이주 사람들은 모두 하나 되어 함께 헤쳐 나갑시다.

필 머피Phil Murphy 뉴저지주 주지사 또한 비슷한 말을 했다.

"Let me be clear: racism against our Asian American communities is repugnant, repulsive, and wrong in good times, but it is even more repugnant and repulsive now. Our diversity is one of the core strengths of our state that will get us through this. We are one New Jersey family."

제가 확실하게 해 두고 싶은 것이 있습니다. 아시아계 미국인을 향한 인종 차별은 원래도 혐오스럽고 역겨우며 잘못된 일이지만, 지금 같은 때에 그러는 것은 더욱 더 혐오스럽고 역겹습니다. 우리의 다양성은 우리 주가 가진 가장 중요한 자산이며, 그것이 이 위기를 극복하게 할 것입니다. 뉴저지주에 살고 있는 우리 모두는 하나의 가족입니다.

그럼에도 불구하고 트럼프 대통령이 계속해서 코비드19를 "차이니즈 바이러스"라고 부르자 힐러리 클린턴까지 한마디 보탰다.

The president is turning to racist rhetoric to distract from his failures to take the coronavirus seriously early on, make tests widely available, and adequately prepare the country for a period of crisis. Don't fall for it. Don't let your friends and family fall for it.

지금 대통령은, 코로나바이러스를 좀 더 일찍 심각하게 받아들이고 테스트를 광범위하게 하면서 적절하게 이 나라를 위기에 대비하도록 하지 못한 자신의 실책으로부터 사람들의 눈을 돌리게 하려고 인종 차별적인 화법을 쓰고 있습니다. 거기에 속지 마세요. 여러분의 친구들과 가족들 또한 속지 않도록 하세요.

아선생은 미국을 강하게 만드는 것이 트럼프 대통령이나

K.K.K. 같은 백인 우월주의자들이 아니라, 이 사회의 다양한 구성원들 모두를 존중하고 포용하려는 바로 이런 사람들이라고 생각한다. 많은 기자들까지 코로나바이러스를 "차이니즈 바이러스"라고 부르는 트럼프 대통령에게 연일 강력하게 항의하니, 급기야 어느 날은 트럼프 대통령이 코로나 관련 기자 회견에서 이 일로 기자들과 싸우는 광경까지 펼쳐졌다. 이와 관련해, 인기 토크쇼 호스트인 트레버 노아 Trevor Noah는 그날 그의 쇼에서 이렇게 말했다.

"...Trump is the only person who could hold a press conference about a pandemic and then turn it into a fight about racism. Who does that?"
...트럼프 대통령은 전염병 사태 관련 기자 회견을 인종 차별 문제로 인한 싸움으로 만들어 버릴 수 있는 유일한 사람입니다. 대체 이 세상에 누가 그럽디까?

물론 이 바이러스가 중국에서 시작된 것은 사실이기 때문에 트럼프 대통령이 틀린 말을 하는 것은 아니라고 생각하는 사람들도 많다. 그러나 다민족 국가인 미국 같은 나라의 대통령이 그런 말을 하려면, 적어도 "하지만, 이 바이러스가 퍼지게 된 것이 미국에 살고 있는 아시아인들의 잘못은 아니니, 그들에 대한 혐오나 차별은 절대로 용납할 수 없습니다."라는 말 정도는 해 줘야 한다. 트럼프 대통령에게 아시아계 미국인들은 그 정도의 배려조차 할 가치가 없는 존재였던 것일까? 어쨌든, 미국 내 진보주의자들 사이에서 여론이 계속 악화되자, 마지못해 3월 23일에 트럼프 대통령이 백기를 들고 아시아계 미국인들을 보호해야 한다며 다음과 같이 말했다.

It is very important that we totally protect our Asian American community in the United States, and all around the world. They are amazing people, and the spreading of the Virus is NOT their fault in any way, shape, or form. They are working closely with us to get rid of it. WE WILL PREVAIL TOGETHER!

미국과 전 세계에 있는 우리 아시아계 미국인들을 철저하게 보호하는 것은 우리에게 매우 중요한 일입니다. 그들은 뛰어난 사람들이며, 이 바이러스가 퍼지는 것은 어떠한 이유에서건 그들의 잘못이 아닙니다. 그들은 이 바이러스를 퇴치하기 위해 우리와 긴밀하게 협력하고 있습니다. 우리는 함께 이겨 나갈 것입니다.

결국 이렇게 엎드려 절은 받았지만, 미국 내 아시아인들이 이미 여기저기서 바이러스 취급과 조롱을 당한 후였다. 정말 아무리 곱게 봐주려고 해도 절대로 정이 안 가는 영감탱이다.

한편, 일부 흑인들 사이에서는 흑인들은 코로나바이러스에 안 걸린다는 풍문이 떠돌았다. 아선생이 가르치는 어느 흑인 학생이 농담 삼아 그런 이야기를 했을 때는 그저 웃기려고 그가 지어낸 말인 줄로만 알았다. 그런데 이와 관련된 기사까지 뜬 것을 보면, 이게 꽤 많은 흑인들 사이에서 회자되는 말이었던 듯하다. 아마도 3월 말인 현재까지 아시아 국가와 유럽 국가들이 난리가 난 것에 비해 아프리카 국가들은 비교적 잠잠해서 누군가 농담 삼아 한 말로 시작된 소문이 아닐까 싶다. 어쨌든 흑인들 사이에서 이런 소문이 확산되자, 시티랩 CityLab이라는 연구소 소속 브렌틴 모크Brentin Mock 씨가 그의 칼럼에서 "No, black people aren't immune to Covid-19 아뇨, 흑인들이 코로나바이러스에 면역성이 있다는 것은 사실이 아닙니다."이라며 확실히 밝혔다.● 그러니 현재 지구상에 이 바이러스로부터 자유

　　　● 2020년 3월 15일자 CITYLAB 칼럼 〈Why You Should Stop Joking That Black People Are Immune to Coronavirus〉 중에서

로운 사람은 단 한 사람도 없다는 게 명백한 사실인 듯하다.
이러나저러나 미국은 이제 시작일 뿐인데, 벌써부터 지치는
마음을 다잡아 본다.

코로나 사태로 엿보는 미국인들의 유머 코드

_Covidiot은 되지 말아야지!

신천지 사태로 대구에서 코로나 확진자가 무더기로 나오던 와중에 한국의 친구에게서 카톡 메시지가 왔다.

살천지 확찐자들의 이동 동선

잔뜩 찌푸린 눈으로 심각하게 스크롤해서 그들의 이동 동선을 확인해 보던 아선생은 간만에 아주 크게 웃을 수 있었다.

침대-냉장고-소파-냉장고-침대-화장실-냉장고

아무 생각 없이 친구가 보낸 메시지를 읽으면서 이를 "신천지 확진자"로 보고 심각하게 그들의 동선을 확인하려던 나 자신에게 어이가 없을 따름이었다. 이는 코로나 사태로 자가격리하느라 집에만 있다가 살이 "확 찐자"들이 "살천지"가 되었다는 한국식 유머였다. 다들 힘들고 우울한 시기를 유머로 승화시키면서 모두에게 잠시나마 휴식과 웃음을 선사하는 이런 보석 같은 친구들은 삶에 커다란 힘이 된다. 물론 이런 사람들은 한국뿐만 아니라 미국에도 있다.

아선생이 미국에서 주로 듣는 코로나 사태 관련 유머는 홈스쿨링(아이를 학교에 보내지 않고 집에서 공부시키는 것)에 관한 것이다. 바이러스 확산을 막기 위해 학교들이 모두 문을 닫으면서, 미국의 모든 학부모들이 아이들을 24시간 집에서 돌보면서 가르치게 됐다. 이게 얼마나 지치는 일인지는 해 본 사람만이 알 것이다. 일하는 엄마의 경우에는 재택근무를 하면서 아이들을 돌봐야 하니 부담이 더욱 컸다. 그래서 본의 아니게 아이들을 홈스쿨링하게 된 수많은 학부모들이 그들의 고통(?)을 유머로 승화시키려 하는 것 같다. 예를 들어, 우리 학교 교수진이 줌Zoom으로 온라인 화상 회의를 하던 중이었는데, 어느 강사가 집에서 아이를 돌보면서 일하는 것이 힘들다고 푸념했다. 그러자, 아선생의 한 동료는 너무나 공감한다면서, 이대로 가다가는 과학자들보다 학부모들이 먼저 백신을 개발할 것이라고 말해서 다들 배꼽을 잡기도 했다. 어느 미국인 친구는 아선생에게 이런 글귀를 보내주기도 했다.

If you had asked me what the hardest part of battling a global pandemic would be, I would have never guessed, "teaching elementary school math."

전 세계적인 전염병과 싸우는 시국에서 가장 힘든 점이 무엇이냐고 제게 물었을 때, 그것이 "초등학교 수학을 가르치는 일"이 될 것이라고는 전혀 예측하지 못했습니다.

"3 hours into homeschooling, and 1 is suspended for skipping class, and the other one has already been expelled."
"홈스쿨링 3시간째인데, 한 학생은 수업에 빠져서 정학당했고, 나머지 한 학생은 이미 퇴학당했습니다."

"Homeschooling is going well. Two students suspended for fighting and one teacher fired for drinking on the job."
홈스쿨링이 참 잘 진행 중입니다. 학생 두 명은 쌈박질을 해서 정학당했고, 교사 한 명은 근무 중에 술을 마셔서 해고됐습니다.

코로나 사태는 미국에서 신종 영어 단어를 만들어 내기도 했는데, 대표적인 것으로 covidiot이 있다. 예상할 수 있듯이, 코로나바이러스의 공식 명칭인 Covid 19와 '얼간이'를 뜻하는 idiot의 합성어다. 미국의 인터넷 사전 Urban Dictionary에 따르면, covidiot은 다음과 같은 의미가 있다.

Covidiot (Noun)

1. A stupid person who stubbornly ignores 'social distancing' protocol, thus helping to further spread COVID-19.

"Are you seriously going to visit grandma? Dude, don't be such a covidiot."

2. A stupid person who hoards groceries, needlessly spreading COVID-19 fears and depriving others of vital supplies.

"See that guy with the 200 toilet paper rolls? What a covidiot!"●

Covidiot (명사)

1. 사회적 거리 두기 원칙을 고집스럽게 지키지 않아서 코로나바이러스를 더 퍼트리는 데 일조하는 멍청한 사람.

"너 정말로 할머니 댁에 갈 생각이니? 이 사람아, 그런 코비디엇은 되지 말아야지!"

● https://www.urbandictionary.com/define.php?term=Covidiot

2. 식료품을 비정상적으로 많이 비축하면서 코로나바이러스 공포를 쓸데없이 퍼트리고 타인에게 생필품이 부족하게 하는 멍청이.

"저기 휴지를 200개나 사는 녀석 좀 봐. 저런 코비디엇이 있나!"

앞의 예문에서 볼 수 있듯이, 코로나 사태가 터지자 많은 미국인들이 사재기를 시작했는데, 그중 으뜸 품목은 휴지였다. 아선생 주변의 미국인들은 대부분 이 사재기 열풍에 동참하지 않은 대가로 실제로 휴지가 필요해서 마트에 갔을 때 곤란을 겪기도 했다. 2주 전 마트에 갔다가 우연히 만난 옆집 아저씨는 휴지를 못 구해서 휴지 대신 페이퍼 타월을 사 간다면서 씁쓸하게 웃었다. 상황이 이렇게까지 되자, 미국인들 사이에서 자성의 목소리가 흘러나왔다. 이를테면, 코로나 사태에 선진적으로 우아하게 대처하면서 서로를 돕는 한국인들에 관한 기사 아래에는 이런 댓글이 달렸다.

"The difference between us and them… while we are fighting over toilet paper, they help each other."

그들(한국인들)과 우리들(미국인들)의 다른 점이지. 우리가 서로 휴지 갖고 싸우고 있을 때, 그들은 저렇게 서로를 돕잖아.

물론, 이를 이용한 배꼽 잡는 유머도 많았는데, 그중 단연 으뜸은 코난 오브라이언Conan O'Brien이었다. 그는 자기 쇼에서 미국에서 일어난 휴지 사태를 풍자하며 다음과 같이 말했다.

"People are going to stores, and they seem to want more toilet paper than they could ever use in a 6-year-period if they had continual diarrhea, and now it's gone! It's all gone, and people are panicking. I'm here to assure you there are many things around the house you can use instead of toilet paper that work just as well. For example, CVC receipts. CVC receipts are long. This was for just six Tic Tacs I bought. I never throw them away 'cause I knew this day would come. Also, we all have these around the house, Valpak. Valpak coupons! I know you never really use them. Now look at that! You can clean yourself with colorful coupons. You probably have some stocks around the house that aren't really worth as much as they used to be. These are mostly stocks I bought for Carnival Cruise line. Ha ha ha…."

사람들이 가게에 가서는, 멈추지 않는 설사병에 걸렸을 경우에 6년 치 쓸 양보다도 더 많은 휴지를 사려고 하는 것 같아요. 그래서 이제는 휴지가 없어요. 완전히 다 팔려서 하나도 없어요! 그 결과, 많은 이들이 지금 공황 상태에 빠졌습니다. 그렇지만 제가 자신 있게 말씀드리는데요, 집 안을 둘러보면 휴지 대신 쓸 수 있으면서도 휴지만큼이나 효과적으로 닦을 수 있는 것들이 많습니다. 예를 들어, CVS 약국의 영수증 같은 거요. CVS 약국의 영수증은 깁니다. 이게 겨우 민트 캔디 틱택 6통 사고 받은 영수증이거든요. 저는 CVS 영수증을 절대로 안 버립니다. 왜냐하면 바로 이런 날이 올 줄 알았거든요! 참, 우리 모두 집에 이런 것도 있지요. 밸팩 쿠폰! 쿠폰 말이에요! 여러분들이 이런 쿠폰 받아도 절대로 안 쓰신다는 걸 저는 압니다. 그런데 이것 좀 보세요! 이제 여러분은 색색깔의 쿠폰으로 깨끗하게 닦으실 수 있습니다. 어떤 분들은 집에 폭락한 주식 증서도 있을 거예요. 이 주식 증서는 대부분 제가 샀던 카니발 유람선 회사의 주식이랍니다. 하하하….

한국의 여행업계가 그런 것처럼, 코로나 사태로 미국에서 가장 먼저, 그리고 가장 크게 타격을 받은 업계 중 하나가 유람선 업계다. 그렇게 폭락한 주식으로 인해 휴지 조각이 되어 버린 주식 증서를 문자 그대로 "휴지"로 쓰라는 말은, 코로나 바이러스가 빚어낸 참극을 코난 오브라이언이 유머로 승화한 결과물이라고 볼 수 있다.

어둡고 힘든 나날을 보내면서 대부분의 뉴스가 우리를 불안하고 우울하게 만드는 미국에서는, 이런 유머가 잠시나마 위안이 되고 위로가 되는 듯하다.

진정한 아메리카니즘이란 무엇일까?

_아메리카니즘을 바라보는 미국인들의 다양한 시각

〈기생충〉이 미국 최고의 영화제인 오스카 시상식에서 작품
상, 감독상, 각본상, 외국어 영화상을 싹쓸이했던 바로 다음
날, 그러나 아선생은 미국인 동료들에게 아무 말도 하지 않았
다. 그리고 보면, 미국에 살면서 아선생은 한국인들이 세계적
으로 대단한 일을 해냈을 때, 미국인 친구나 동료들에게 먼저
이야기하기가 늘 망설여졌던 것 같다. 특별한 이유가 있어서
라기보다는 내 입으로 말하기가 괜스레 쑥쓰러워서인데, 이
는 마치 한국 친구들에게 우리 엄마나 아빠 자랑을 하지 않는
것과 같은 이치가 아닐까 싶다. 이 부분에서는 한국식 "팔불
출 문화"가 여전히 아선생의 사고를 지배하는 듯하다. 하지
만 〈기생충〉 이야기를 먼저 꺼내 준 건 미국인 친구와 동료들
이었다. 영어가 아닌 언어로 된 영화가 오스카 최고 작품상을
받은 미국 영화계의 새 역사에 친구들은 백인, 흑인, 히스패
닉 할 것 없이 모두가 흥분했다. 아선생은 한국인 봉준호 감
독의 수상이, 21세기형 쇄국 정책을 펴면서 백인 우월주의를
표방하는 트럼프 대통령에게 진보적인 아카데미 회원들이 어
떤 정치적 메시지를 보내려는 의도와도 관련이 있지 않았을
까 하고 조심스레 의견을 말했다. 그러나 미국인 친구들의 생
각은 아선생과 조금 달랐다. 그들은 정치고 뭐고 다른 걸 다

떠나서, 〈기생충〉이란 영화 자체가 "넘사벽"으로 훌륭했기 때문에 상을 받을 수밖에 없었다고 했다. 이렇게 아선생 주변의 미국인들 대부분은 〈기생충〉이 올해 최고의 영화라는 사실에 한 치의 의구심도 갖지 않고 기뻐했다. 그러나 모든 미국인들이 그랬던 것은 아닌 듯하다. 존 밀러Jon Miller라는 어느 TV 프로그램의 진행자가 그의 트위터에 이런 글을 남겼다.

A man named Bong Joon Ho wins Oscar for best original screenplay over *Once Upon a Time in Hollywood* and *1917*. Acceptance speech was: "GREAT HONOR. THANK YOU." Then he proceeds to give the rest of his speech in Korean. These people are the destruction of America.

봉준호라는 이름을 가진 자가 <원스 어폰 어 타임 인 할리우드>와 <1917>을 제치고 오스카 최고 각본상을 탔습니다. 그의 수상 소감은 "GREAT HONOR. THANK YOU무한한 영광입니다. 감사합니다."였고, 그 다음부터 그는 한국어로 나머지 수상 소감을 말했습니다. 바로 이런 사람들이 미국을 파괴하는 이들이지요.

참고로, 존 밀러 이 사람, 백인이 아니라 흑인이다. 여기서 아 선생은 흑인들이 백인들보다 더 인종 차별적이며 다른 인종 에게 더 많은 편견이 있다는 말을 하고자 하는 것이 아니다. 많은 사람들이 일반적으로 가지고 있는 통념과 달리, 미국에 서 인종 차별을 하는 사람들이 꼭 백인들만은 아니라는 사실 을 우리는 항상 인지하고 있어야 한다. 아선생은 미국에 살면 서 백인보다 오히려 흑인이나 히스패닉계한테서 인종 차별을 당한 적이 더 많다는 한국인들을 심심찮게 만난다. 유럽의 경 우는 또 다르겠지만, 적어도 미국은 그렇다. 그것은 이른바 "코로나 인종 차별Coronavirus racism" 사건을 다루는 뉴스를 봐도 알 수 있다. 유럽과 호주의 경우에는 코로나로 발생하는 아시 아인 증오 범죄 거의 전부가 백인들이 저지른 사건들이었다. 이를테면, 한국 뉴스를 보면, 코로나 사태 이후 유럽에서 지 나가는 싱가폴인을 집단으로 구타하거나 지하철을 타고 있던 한국인을 집단으로 괴롭히는 등의 사건을 일으킨 사람들 거 의 모두가 백인들이었다. 이와는 달리, 미국 뉴스에 나오는 아시아인 혐오 범죄 사건을 일으킨 이들은 대부분 흑인이나 히스패닉계이며, 백인은 아주 드물게 보인다. 미디어뿐만 아 니라, 플로리다에서 공립학교를 다니고 있는 한국계 아이들의 이야기를 들어봐도 사정은 비슷한 것 같다. 물론 그렇다고 미국 백인들 중에서 인종 차별하는 사람이 없다는 뜻은 결코 아니지만!

좌우지간, 존 밀러가 사람들의 거센 비판을 받고 후에 구차한 변명을 늘어놓긴 했지만, 그가 남긴 이 코멘트를 통해서 우리는 이 사람이 생각하는 아메리카니즘(미국적임/미국적인 것/미국의 정신)이 무엇인지 쉽게 추론해 볼 수 있다. 그의 눈에 그것은 바로 영어를 쓰는 주류 백인 또는 흑인의 문화다. 통역관을 데리고 와서 한국어로 수상 소감을 말하는 봉 감독이 미국의 정신을 파괴했다는 그의 말을 통해서, 우리는 아메리카니즘 안에 다양한 언어와 문화를 포함시키지 않겠다는 그의 의지를 엿볼 수 있다. 그리고 아메리카니즘을 획일적인 무언가라고 해석하는 이 남자와 생각의 결이 같은 미국인들이 적지 않은 것 또한 사실이다. 아선생 눈에는, 적어도 트럼프 대통령을 지지하는 사람들 대부분은 이런 관점을 가졌을 것으로 보인다. 그렇지만 다행히도 절반, 혹은 그 이상의 미국인들에게 아메리카니즘은 획일화된 하나의 무언가가 아니라는 데 있다. 아선생이 보기에 미국과 유럽의 가장 큰 차이점은, 바로 미국이란 곳은 시작부터 여러 나라의 이민자들이 이 땅으로 와서 건국한 국가라는 사실이다. 누가 먼저 왔느냐의 차이일 뿐, 네이티브 아메리칸(Native American: "인디언"이라고도 불리는 아메리칸 원주민)을 제외하고, 이 땅에 살고 있는 사람은 모두 다 이민자이거나 이민자의 후손이다. 바로 이런 이유 때문에, 흑인이나 아시아인보다 아주 조금 더 먼저 와서 살기 시작했을 뿐인 백인들이 유색 인종에게 텃새를 부리는 건 말이 안 된다고 생각하는 미국인들이 대다수다. 한번은 어느 파티에서 아선생이 한국계 미국인인 남편 이야기를 하면서 남편을 "미국인"이라고 칭하자 고개를 갸우뚱거리는 미국인이 있었다. 바로 그 순간 그 표정을 읽은 아선생 친구 아나스타샤가 이렇게 말했다.

"아영의 남편은 미국 사람이야. 한국계 미국인. 너와 내가 아일랜드계 미국인인 것처럼!"

물론 순간적인 표정만으로 그가 아시아인을 자기와 같은 미국인으로 생각하지 않고 있다고 단정 지을 수는 없을 것이다. 그러나 아시아인이 미국인이라고 하는 말에 고개를 갸우뚱하는 그런 사람들보다는, 그런 이들에게 다문화 국가인 미국의 정체성을 다시금 확인시켜 주는 아나스타샤 같은 미국인들이 아선생 주변에는 더 많다. 즉, 아선생 동료와 친구들은 절대 다수가 아메리카니즘을 아나스타샤처럼 다양성에 기반을 둔 관점으로 바라본다는 말이다. 하지만 이런저런 자료를 살펴 보면, 전체적으로 미국 내에는 아메리카니즘에 관한 관점이 아나스타샤와 비슷한 이들이 반 정도, 그리고 앞서 언급한 존 밀러와 같은 이들이 반 정도이지 않을까 싶다. 그리고 이렇게 서로 다른 관점으로 인한 분열과 갈등을 아선생은 미국에 살 면서 종종 목격한다.

이를테면, 2012년 플로리다주에서 어느 개신교 목사가 이슬 람이 "악마의 종교"라고 주장하면서 그들의 성서인 코란을 불 태우는 의식을 감행한 적이 있다. 그 목사에게는 대다수 미국 인들의 종교인 기독교 외에 다른 종교는 전혀 미국적이지 않 은 것이며, 이를 배척하고 기독교만을 인정하는 것이 아메리 카니즘이었던 것이다. 하지만 이 사건이 있던 바로 다음 날, 플로리다 주립대학교 영어 교육센터CIES의 센터장인 케널 박 사는 모든 강의실에 들어가서 그 미국인을 대신해 이슬람권 학생들에게 일일이 사과했다. 그때 케널 박사가 이슬람권 학 생들에게 코란을 불태우며 자신이 믿는 것과 다른 종교는 존 중하지 않는 그 목사의 행동이 "전혀 미국적이지 않다"라고 말하는 것이 인상적이었다. 여기서 우리는 그 목사와 케널 박사가 같은 주에 살고 있는 미국인들이지만, 이들이 아메리카니즘을 서로 전혀 다른 방식으로 이해하고 있다는 사실을 엿볼 수 있다.

미국 내에서 이런 식의 갈등은 사실 어제 오늘 일이 아니다. 그러나 문제는 지금 현재 이 두 가지 목소리가 이전보다 훨씬 더 격렬하게 부딪치고 있다는 사실이다. 도널드 트럼프가 대통령에 당선되기 전까지는, 그래도 다양성을 존중하자는 의견이 미국 사회에서 훨씬 더 커다란 목소리를 냈었다. 일례로, 요 근래 미국에서는 크리스마스 시즌이 되면, "Merry Christmas즐거운 성탄 보내세요!"라는 인사말보다 "Happy holidays즐거운 연휴 보내세요!"라는 인사말을 훨씬 더 자주 듣게된다. 다문화 국가인 미국은 예수를 믿는 크리스천뿐만 아니라 다른 종교를 믿는 이들 또한 공존하는 나라이기 때문이다. 그리고 예수의 탄생을 기뻐하는 사람이든 아니든 미국에서는 12월이면 모두에게 긴 휴가가 주어진다. 그러니 특정 종교와 관계없는 표현인 "Happy holidays!"가 좀 더 다양한 이들을 포용하고 존중하는 인사말이라고 생각하는 미국인들이 주류인 듯했다. 물론 이런 문화적 다양성을 반기지 않는 미국인들 또한 분명 존재한다. 그렇지만 그런 사람들조차도 그들의 솔직한 마음을 실제로 대놓고 드러내는 것만큼은 정치적으로 올바르지 않다는 생각에 대체적으로 동의하는 분위기였다. 하지만 트럼프가 대통령으로 당선된 이후, 이런 분위기는 180도 달라졌다. 자신과 다른 종교, 다른 문화를 가진 사람들에 대한 편견과 무지를 여과 없이 드러내는 사람들이 예전과 달리 자주 눈에 띈다. 그들은 "Make America Great Again 미국을 다시 위대한 나라로 만들자!"을 외치며, 아메리카니즘을 자신들만의 것으로 국한시키고 있다. 재미있는 현상은, 이들과 반대의 생각을 가지고 있으면서 다문화와 다양성을 미국의 정신이라고 생각하는 사람들은 이 슬로건을 "Make America White Again 미국을 다시 백인의 나라로 만들자!"이라는 말로 바꿔서 이들의 인종 차별적인 행각을 조롱한다. 실제로 트럼프 대통령 당선 1년 후, 어느 미국인 작가는 국영 라디오 방송NPR에서 지금의 미국은 자신이 알고 있던 미국이 아니라고 씁쓸하게 말하기도 했다.

아선생은 교생 실습하는 학생들을 가르치는 수업에서 아메리카니즘이 대체 무엇을 의미하는지를 놓고 토론한 적이 있다. 아선생이 가르치는 미국인 학생들 대부분이, 다양한 이민자로 구성된 미국이라는 나라를 통일된 하나의 문화로 보는 관점은 전혀 논리적이지 않다고 했다. 그렇기 때문에 자연스럽게 다양성을 인정하는 열린 마음이 그들이 생각하는 "아메리카니즘" 즉, 미국의 정신이라고 했다. 그럼에도 불구하고, 교회에 다니는 백인들이 미국 문화의 주류를 차지하고 있기 때문에, 아메리카니즘을 그들의 문화 속에서 찾는 이들 또한 미국 사회에 분명히 존재한다는 사실에는 모두 동의했다. 그러니 결국 아메리카니즘이 무엇이냐는, 대답하는 이가 가지고 있는 세계관에 따라서 달라진다고 봐야 할 것이다. 그리고 아선생은 이마저도 실로 미국적이라고 생각한다.

미국의 LGBTQ* 차별 관련 논란

_미국에서 동성 간의 결혼이 합법이긴 하지만…

● 레즈비언Lesbian, 게이Gay, 양성애자Bisexual, 트렌스젠더 Transgender, 퀴어/자신의 성 정체성을 아직 모르는 사람Queer/ Questioning을 모두 포괄하는 용어

아선생 아들의 열 번째 생일에 가족의 친구들을 모두 불러 크게 파티를 했다. 그때 아선생과 친한 동성애자 커플도 초대했는데, 그들을 본 드니스 아주머니의 손녀가 내게 이렇게 말했다.

"게이 커플까지 있는 파티라니, 정말 멋지세요! 아주머니는 저희 할머니보다 훨씬 더 미국적이시네요."

그러자, 드니스 아주머니는 손녀에게 이렇게 대답했다.

"얘야, 동성애는 미국적인 것과는 아무런 상관이 없단다."

바로 앞서 언급한 아메리카니즘에 대한 미국인들의 두 가지 관점을 이 장면에서도 엿볼 수 있다. 즉, 드니스 아주머니는 독실한 가톨릭 신자로, 다소 보수적이며 전통적인 관점으로 아메리카니즘을 정의한다. 반면, 그분의 손녀는 동성애 부부를 합법적으로 인정해 주는 그런 "다양성"을 미국적인 가치로 여기는 것이다.

현재 미국의 50개 주에서는 동성 간 결혼이 합법화되어 있다. 그건 미국에서는 동성애자 부부도 이성애자 부부와 모든 면에서 똑같은 권리를 가질 수 있음이 법적으로 인정된다는 뜻이다. 일례로, 아선생 아이가 다니는 학교에는 동성애자 부부가 합법적으로 입양하여 키우는 딸이 다니고 있기도 하다. 문제는, 법적으로는 허용되지만, 미국인들 중에도 정서적으로는 동성 결혼에 거부감을 느끼는 이들이 꽤 많다는 점에 있다. 만약 미국이 사회 구성원 모두가 동성애자들을 열린 마음으로 포용하는 나라라면, closet gay●라는 단어는 존재하지 않았을 것이다. 그리고 어떤 이들에게는 이런 "국민정서법"이 헌법보다 우위에 있다. 그래서인지, 아선생은 미국에 살면서 동성애자들을 향한 혐오 정서가 보수적인 미국인들로부터 표출되는 사건을 심심찮게 목격한다.

CNN에 따르면, 2017년에 캘리포니아주의 어느 빵집 주인이 동성애자 커플의 결혼식 케이크를 만들지 않겠다고 해서 소송을 당하는 사건이 있었다. 그녀는 동성애자의 결혼식을 돕는 것이 자신의 종교인 기독교적 신념에 반하는 일이기 때문에 절대로 케이크를 만들지 않겠다고 했다. 개신교와 천주교는 동성애를 금지한다. 소송한 동성애자 부부는 그녀의 그런 행동이 차별적이라고 주장했지만, 후에 이 재판에서 이긴 사람은 빵집 주인이다. 재판부는 케이크를 만드는 것을 일종의 "예술적 표현artistic expression"으로 볼 수 있다고 판단했다. 때문에, 〈수정 헌법 제 1조 - 언론과 표현의 자유〉에 따라, 그녀가

● '벽장' 또는 '옷장'이라는 의미의 closet이 동성애자 gay 앞에 붙은 이 말은, 옷장처럼 숨은 곳에서만 동성애자인 사람을 말한다. 한마디로 자신이 동성애자라는 사실을 주변인들에게 숨기고 살아가는 게이를 말한다. 이런 단어가 존재한다는 것 자체가 미국 사회에도 동성애를 혐오하는 사람들이 꽤나 많다는 사실을 보여준다.

케이크를 만들지 않겠다고 선택한 것이 합법적이라고 판결한 것이다.●

보수적인 중부와 남부에서는 이런 사건을 좀 더 자주 접할 수 있다. 2015년 켄터키주의 공무원이었던 킴벌리 데이비스 Kimberly Davis는 당시 동성 간의 결혼이 이미 합법이었음에도 불구하고, 어느 동성애자 부부의 혼인증명서 발급을 거부했다. 계속해서 법원의 행정 명령을 어기는 이유를 묻자, 킴벌리 데이비스는 "하느님의 권한"으로, 자신은 동성애자들의 혼인증명서를 발급할 수 없다고 했다. 이때 그녀는 "under God's authority"라는 표현을 사용했다. 킴벌리 데이비스를 옹호하는 미국인들은 미국 헌법이 "종교의 자유"를 보장하기 때문에, 자신의 종교적 신념에 따라 행동하는 그녀가 처벌받는 것은 부당하다고 주장한다. 반면, 그녀를 비판하는 사람들은, 동성애자에게만 혼인증명서를 발급하지 않겠다는 것은 명백한 차별 행위라고 주장한다. 양쪽의 주장이 서로 너무도 팽팽하게 맞서기 때문에 이런 주제로 진행되는 토론은 언제나 깔끔하게 끝나는 법이 없다. 아선생의 친구들도 이런 사건들을 보는 관점이 다양하다. 일례로, 독실한 가톨릭 신자인 펠리샤는 이 나라에서 "종교의 자유"가 우선적으로 보장되어야 한다고 말한다. 반면, 진보적인 자유주의자인 올리비아는 이 사회에서 그 누구도 차별받아서는 안 된다면서, 그런 원칙은 동성애자들에게도 똑같이 적용돼야 한다고 말한다. 서로 다른 이들의 주장을 직접 한번 알아보자.

In recent years across the United States, there have been a few instances in which public officials or private merchants have refused to provide wedding services for same-sex couples, citing their rights to exercise religion freely. Three notable instances, which gained quite a bit of media attention, include two bakers, one in Colorado and the other in California, and a public official in Kentucky. According to the bakers, creating a wedding cake for the event would be in direct contradiction with their deeply held religious beliefs. The same was true for the public official, who was required to affix her signature to marriage licenses. While some might consider these acts of discrimination, I do not.

I believe these individuals acted in good faith. Each of the bakers was willing to sell the couples any cake or other baked goods already available in the shop. They just weren't willing to craft something for this particular occasion because it was in contradiction with their faith. As for the public official, I think it's also important to note that she lived in a state where same-sex marriage was not legal at the time that the federal courts overturned the Defense of Marriage Act, which made same-sex marriage legal throughout the country. To avoid discrimination, she had suspended issuing marriage licenses to all couples in her county, regardless of sexual orientation, until an appeal that had been filed with the courts was settled.

In my personal view, no one should ever have to act in a manner that violates his/her conscience. In a plural society, like the U.S., everyone is not going to agree. However, as the culture and laws change over time, we have to learn how to accommodate one another in a peaceful and respectful manner, regardless of our differences. This might require us as individuals to make some tough decisions at times. For example, to be fair and avoid any future issues or litigation, the Colorado baker stopped selling wedding cakes altogether, forgoing nearly 40% of his sales. For same-sex couples, this might mean taking your business elsewhere. For the public sector, this might entail putting protocols and procedures in place, so that a license isn't dependent upon one particular endorsement. For others, it might mean rejecting a job opportunity you really wanted, before finding out that certain tasks would require you to act in contradiction to your personal faith. These are not easy choices, but unfortunately, they have to be made, if we intend to live with one another in a shared space.

We have to realize that disagreement is okay, and just because we disagree doesn't make the other person a bigot. For example, I consider myself to be a conservative Catholic Christian, who believes in traditional marriage, yet I have many friends and family members who self-identify as LGBT. I may not agree with their lifestyle, but I love them and respect them dearly, and I would never treat them differently. I understand the desire for equal rights, and I believe everyone should have equal rights. How that is achieved and what that looks like in a multicultural society is the challenge that remains before us.

\- Felicia Ciappetta

최근 미국 전역에서 공무원이나 상인이 동성애자 부부를 위한 결혼식 관련 서비스 제공을 거부했던 사례가 몇 건 있었습니다. 자신들의 종교적 신념을 자유롭게 행사할 수 있는 권리를 주장하면서 말이죠. 언론에 집중 보도된 세 가지 주목할 만한 사례로, 콜로라도주와 캘리포니아주의 빵집 주인들과 켄터키주의 공무원이 있습니다. 빵집 주인들은 그 행사(동성애자들의 결혼)를 위해서 웨딩 케이크를 만드는 것은 자신들이 깊게 믿고 있는 종교적 신념과 직접적으로

상충된다고 했습니다. 그것은 켄터키주 공무원에게도 마찬가지였는데, 결혼 증명서에 자신이 직접 서명을 해야 했으니까요. 어떤 사람들은 이 사람들이 한 것이 차별적 행위라고 하겠지만, 저는 그렇게 생각하지 않습니다.

저는 이 사람들이 자신의 신념에 따라 행동했다고 생각합니다. 빵집 주인 둘 다 자기네 가게에서 이미 만들어져 있던 다른 케이크나 제품은 팔 용의가 있다고 했습니다. 그들은 그저 동성애자 부부의 결혼식에 쓸 뭔가를 만들고 싶지가 않았을 뿐입니다. 왜냐하면 그건 그들의 신념에 반하는 행동이었기 때문이죠. 그 공무원의 경우, 연방 법원이 결혼 보호법을 바꿔서 동성 간의 결혼을 이 나라 전체에서 합법으로 만들었을 당시에, 그녀가 살고 있던 주에서는 여전히 동성 결혼이 합법이 아니었다는 사실에 주목해야 한다고 생각합니다. 차별을 하지 않기 위해서, 그녀는 법원에 제기된 항소가 마무리될 때까지, 자신의 카운티에 있는 모든 부부들에게 결혼 증명서 발급을 중단한 상태였습니다. 그들의 성적 취향에 상관없이 말이죠.

저는 아무도 자신의 양심에 반하는 행동을 해서는 안 된다고 생각합니다. 미국처럼 복합적인 사회에서는 모든 사람들이 이에 동의하지는 않을 거예요. 그렇지만 시간이 지남에 따라 문화와 법이 바뀌기에, 우리는 평화롭게 타인을 존중하는 방식으로 서로를 받아들이는 법을 배워야 합니다. 서로의 차이점과 관계없이 말이죠. 그리고 이 때문에 때때로 우리 개개인이 어려운 결정을 내려야 할 수도 있습니다. 예를 들어, 모두를 공평하게 대우하면서도, 앞으로 벌어질 문제나 소송을 피하기 위해, 콜로라도주의 빵집 주인은 모든 사람들에게 웨딩 케이크를 더 이상 팔지 않기로 했습니다. 40%의 판매 수익을 포기하면서까지 말이죠. 동성애자 부부들에게 이것은 다른 곳에 가서 케이크를 사야 한다는 의미가 되겠지요. 공무원의 경우, 그것은 새로운 규약과 절차를 마련하는 것이 수반되겠지요. 그래서 증명서가 어느 특정인의 보증을 통해서만 발급되지 않도록 말입니다. 어떤 사람들에게 이것은, 개인적인 신념에 위배되는 일을 해야 하는 업무가 주어지는 일이라는 걸 알기 전에는, 자신이 그토록 원했던 일자리를 거절하는 걸 의미할 수도 있습니다. 이런 것들이 물론 쉬운 결정은 아닙니다. 그렇지만, 유감스럽게도 우리는 이런 결정들을 내려야 합니다. 우리가 같은 공간에서 서로 함께 살아가려면 말이죠.

우리는 어떤 사안에 대해 서로 같은 시각을 갖고 있지 않아도 괜찮다는 것을 알아야 합니다. 단지 서로의 의견에 동의하지 않는다는 게 다른 사람이 편협한 사람이라는 뜻은 아니라는 것도요. 예를 들어, 저는 저 자신이 보수적인 가톨릭 신자라고 생각합니다. 전통적인 결혼관을 믿는 그런 신자 말입니다. 그럼에도 불구하고, 제게는 스스로 LGBTLesbian, Gay, Bisexual, Transgender의 정체성을 가졌다고 여기는 친구들과 가족들이 많이 있습니다. 제가 그들이 살아가는 방식에 동의하지는 않더라도, 저는 그들을 사랑하고 매우 존중하기 때문에, 절대로 다르게 대하지는 않을 거예요. 저도 그들의 동등한 권리에 대한 열망을 이해하며, 모두가 똑같은 권리를 가져야 한다고 믿습니다. 그러나 그러한 것들이 어떻게 이루어지는지, 그리고 여러 문화가 공존하는 사회 속에서 그것이 어떻게 보이는지는 여전히 우리 앞에 힘든 과제로 남아 있습니다.

- 펠리샤 시아페타

I believe that any business that serves the public should treat all customers fairly with dignity and respect, regardless of the proprietor's own prejudices. I myself was born into a Christian family and grew up attending the churches where my father was pastor. When I was in my twenties, the leaders of my denomination chose to reflect the practices of Jesus by formally declaring their willingness to lovingly accept anyone who wanted to worship, regardless of race, creed, or sexual orientation.

Many times, the argument of religious freedom has been used in the U.S. to inflict immediate and lasting harm on a marginalized group. For over 200 years in our country, white slave owners quoted the bible to justify their superiority over the black people they owned. It was God's will, they believed. Even after slavery ended, many southern (and even some northern) Christians viewed lynching as a necessary tool for enforcing the law on unruly black people. One time, I came across an antique picture postcard that I can't get out of my head. It showed a group of people picnicking in their Sunday best the ladies in big hats, the children in knee-length pants or frilly dresses. From a limb of the big tree behind them hung the dead body of a black man.

My church has made me sensitive to the fact that Americans who do not conform to culturally acceptable sexual or social identities have long been denied all sorts of fundamental civil rights on the assumption that God is offended by their unconventional behavior. LGBTQ people have long been severely mistreated, even killed or tortured just for being who they are. The time has come to recognize their right to participate fully and openly in the American way of life, and commerce should not be cut off in order to please those who disapprove of them on moral or religious grounds.

- Olivia James

저는 사람들에게 서비스를 제공하는 사업체라면 모든 고객을 똑같이 존엄성 있게 존중하여 대해야 한다고 생각합니다. 그 사업체 소유주가 가진 편견과 관계없이 말이죠. 저 자신도 기독교 가정에 태어나서 제 아버지가 목사인 교회를 다니면서 자랐습니다. 제가 20

대 때, 저희 기독교 교파를 이끄는 리더들은 누구든 예배하고 싶은 사람이라면 인종, 종교, 또는 성적 성향과 상관없이 사랑으로 기꺼이 받아들이겠다는 그들의 의지를 공식적으로 천명함으로써, 예수님의 가르침을 실천하고 있음을 보여주기로 결정했습니다.

많은 경우, 종교의 자유에 관한 논쟁은 미국 사회에서 고립된 이들에게 즉각적이고도 지속적인 가해를 안겨주는 데 이용되었습니다. 200년이 넘도록 우리나라에서는 백인 노예 소유주들이 성경 말씀을 인용해 자신들이 소유한 흑인들보다 그들이 우월하다는 점을 정당화했습니다. 그것이 신의 뜻이라고 그들은 믿었습니다. 노예 제도가 종식된 후에도, 많은 남부의, 심지어 몇몇 북부의 기독교인들은 린칭Lynching●을 다루기 힘든 흑인들에게 법을 집행하기 위해 필요한 도구로 봤습니다. 언젠가 어느 오래된 사진엽서를 우연히 보게 되었는데, 저는 그 사진을 제 머릿속에서 지워 버릴 수가 없습니다. 그 사진 속에는 어떤 무리의 사람들이 나들이옷을 입고서 소풍을 즐기고 있었습니다. 여성들은 큰 모자를 쓰고 있었고, 아이들은 무릎까지 오는 바지나 주름 장식이 있는 드레스를 입고 있었죠. 그런데 그들 뒤에 있는 큰 나무의 커다란 가지에 죽은 흑인 남자의 시체가 매달려 있었습니다.

● 린칭Lynching – 사법절차에 의하지 않은 사형으로 주로 교수형

제가 다니는 교회는, 그들의 관습에 얽매이지 않는 행동 때문에 신께서 분노한다는 추정을 바탕으로, 문화적으로 받아들여지는 성적 또는 사회적 정체성에 순응하지 않는 미국인들이 오랫동안 모든 종류의 기본적인 인권을 박탈당해 왔다는 사실에 제가 예민하여 깨어 있도록 일깨워 줬습니다. LGBTQ는 오랫동안 잔인하게 학대받아 왔고, 심지어 죽임이나 고문을 당하기도 했습니다. 단지 자기 자신으로 살아간다는 이유로 말이죠. 이제는 그들이 완전하고도 공공연하게 미국적인 방식으로 함께 참여하여 살아갈 수 있는 권리를 인정할 때가 됐습니다. 그리고 윤리적 혹은 종교적 이유로 그들을 못마땅해하는 이들을 만족시키기 위해서 판매나 거래가 중단되는 일은 없어야 합니다.

- 올리비아 제임스

올리비아 제임스의 말에서 알 수 있듯이, 미국에서 이 사안에 관한 이야기를 할 때는 대체적으로 동성애자뿐만 아니라 양성애자와 트렌스젠더 이슈를 모두 함께 다룬다. 그래서 생긴 표현이 이들 모두를 포함하는 LGBTQLesbian, Gay, Bisexual, Transgender, Queer/Questioning다. 여기서 마지막의 Q가 가리키는 Queer는 통상적으로 모든 성적 소수자를 지칭하는 단어로 쓰일 때가 많으며, Questioning은 자신의 성 정체성을 아직 몰라서 그것을 알아가는 과정에 있는 사람을 뜻한다. 아선생의 주변에도 이 Questioning에 해당되는 이가 한 사람 있다. 이제 22살 된 친구의 아이가 자신은 여성의 몸으로 태어났지만 요즘 자신의 성 정체성이 남자인 것 같다고 주장하고 있다. 그렇다고 해서 자신이 완전히 남자인지에 대한 확신은 또 없기 때문에, 그 아이는 자신의 성 정체성을 여전히 알아가는 중이라고 말한다.

트랜스젠더의 경우, 요즘 미국에서 자주 거론되는 이슈가 그들을 가리킬 때 사용하는 대명사에 관한 것이다. 작년 가을 학기에 어느 트렌스젠더 학생이 아선생 수업을 듣게 됐다. 그는 남자의 몸으로 태어났지만, 정신적으로는 자신의 정체성을 여성으로 규정하기 때문에 화장을 하고 화려한 액세사리로 꾸미고 다니는 사람이었다. 그런 그를 거론할 때, 아선생은 당연히 대명사 She를 사용해야 한다고 생각했다. 그런데 마침 그 학생을 가르치던 학기의 출근길에 NPRNational Public Radio 뉴스에서 트렌스젠더에게는 He나 She 말고 They를 쓰는 것이 정치적으로 올바른 표현이라고 했다. 그 뉴스를 듣고서는 지금까지 실수를 한 것이 아닌가 싶어서, 그 학생과 이에 관해 솔직하게 이야기를 나눌 수 있는 자리를 마련했다. 그는 자신이 정신적으로는 여성으로서의 정체성을 가지고 있긴 하지만, 몸까지 완전한 여자는 아니기 때문에 She라고 불리는 것이 어색하다면서, They를 써 달라고 부탁했다.

이 부분이 혼란스러울 독자들을 위해서, 그에게 들었던 부연 설명을 좀 덧붙이자면 이렇다. 우리는 보통 "트랜스젠더"라고 하면 여성의 몸으로 태어났다가 수술을 통해 완전히 남성이 된 사람이나, 또는 그 반대의 경우를 떠올린다. 우리나라의 하리수 씨가 그 대표적인 예일 것이다. 그러나 남성/여성의 몸으로 태어났지만 정신적으로 자신이 여성/남성의 정체성을 가지고 있다고 생각하는 이들이 모두 다 수술을 통해 몸까지 완전하게 변화시키지는 않는다고 한다. 솔직히 고백하자면, 아선생 또한 그 학생의 설명을 듣기 전까지는 이들에 대해 굉장히 무지했다. 설명을 듣고서도 여전히 무지하긴 하지만, 어쨌든 40대 중반이 되어서도 이 세상에 내가 모르는 세계가 존재한다는 사실을 종종 깨닫는다. 그러니 이런 사람들에게는 남성을 뜻하는 대명사인 He를 쓰기도 곤란하고, 그렇다고 여성을 뜻하는 She를 쓰기도 애매하다. 미국의 NPR 뉴스에 따르면, 바로 이런 이들을 가리킬 때 사용해야 하는 정치적으로 올바른 대명사가 They라고 한다.

3인칭 단수형인 한 사람을 가리키면서 복수형 They를 쓰는 게 정치적으로는 모르겠지만 문법적으로는 옳지 않은 선택이다. 그럼에도 불구하고, 미국의 트랜스젠더들은 자신들을 가리킬 때, 남성형도 여성형도 아닌 중성 대명사 They를 써 달라고 요구한다. 물론 보수적인 기독교인들이나 엄격한 영문법을 고수하려는 규범문법학자들에게는 여전히 씨알도 안 먹히는 소리다. 그래도 요즘은 점점 더 많은 미국인들이 이런 성적 소수자들의 의견을 존중해서 이들을 칭할 때 They를 써 주려고 노력하는 것 같다.

이렇게 미국에는 두 가지 세계가 공존한다. 자신의 종교적 신념 때문에 죽어도 트랜스젠더나 동성 간의 결혼은 인정 못하겠다는 사람들과 자신들의 권리를 찾으려고 지속적으로 싸우는 LGBTQ와 그들을 지지하는 진보적 자유주의자들. 어른들이 만들어 놓은 이 두 가지 세계는 그들의 아이들이 다니는 학교 안에서도 그대로 재현된다. 일례로, 아선생의 큰 아이와 같은 학교를 다니는, 동성애자 부부가 입양해서 키우는 딸아이를 몇몇 아이들이 따돌림을 한 사건이 있었다. 학교 식당에서 한 무리의 아이들이 그 아이에게 모욕적인 말을 퍼부었다고 한다. 그 아이의 부모가 동성애자라는 이유로 말이다. 물론 교장 선생님까지 나서서 그 아이를 보호하고, 가해자 아이들을 모두 벌주긴 했지만, 아이가 받았을 상처가 언제 치유될지는 아무도 모르는 일이다. 사람들이 서로의 차이를 인정하면서 존중하면 평화롭게 공존할 수 있을 텐데, 이 당연한 명제도 종교적 신념이 얹히면 더 이상 단순한 문제가 아니게 되는 듯하다. 존 레논이 종교 없는 세상을 꿈꾼다고 노래했던 1971년과 별로 달라진 것이 없는 21세기다.

미국의 정신을 담고 있는 음악, 재즈

_재즈를 흑인 음악이게 하는 것

대학 시절 아마추어 오케스트라 동아리 활동을 할 때 있었던 일이다. 그해 공연에서 아선생은 라벨의 〈볼레로〉를 연주하자고 했지만, 동아리 회장의 극심한 반대로 성사되지 못했다. 같은 멜로디가 계속해서 반복되는 〈볼레로〉가 악보 상으로는 그리 어려워 보이지 않아서 한번 연주해 보자고 주장하는 아선생 의견에 회장이 반대한 이유는 이렇다. 〈볼레로〉는 똑같은 멜로디가 반복되기 때문에 그 단순한 멜로디만 생각하면 연주하기 쉬워 보일 수도 있지만, 작곡가 라벨이 치밀하게 계산해 놓은 강약 조절이 상당히 어려운 곡이다. 처음에 굉장히 작은 소리로 시작해서 조금씩, 아주 조금씩 음량을 높여 가며 연주하다가 마지막에 가장 큰 음량으로 임팩트를 최대치로 끌어내면서 끝내야 하는 곡이기 때문이다. 즉, 〈볼레로〉 연주의 성패를 가르는 것은 멜로디와 리듬뿐만이 아니라 정확한 음량의 강약 조절인데, 이게 실제로 연주해 보면 굉장히 어렵다. 나 혼자 잘해서만 되는 것이 아니라 모든 오케스트라 단원들이 한마음이 되어 동시에 똑같이 해내야 하는 일이기에 더욱 그렇다. 아니나 다를까, 바로 그해 서울의 한 대학 아마추어 오케스트라가 〈볼레로〉를 공연했는데, 곡의 반이 채 지나기도 전부터 이미 음량이 최대치로 커져 있어서 보는 아선생이 다 민망했다. 그리고 그 이유 때문에 멜로디, 하모니, 그리고 박자까지 다른 것들은 다 훌륭하게 해냈음에도 불구하고, 그날 지휘자와 해당 오케스트라 단원들은 그것을 망한 공연으로 규정했다. 이렇게 클래식 음악은 작곡가가 멜로디와 박자뿐만 아니라, 때로 음량의 강약 조절까지 처음부터 끝까지 치밀하게 계산해 놓은 음악이다. 그러니 아무리 지휘자나 연주자의 해석이 들어간다고 해도 곡 자체를 변형시킬 여지는 사실상 거의 없다고 볼 수 있는 음악 장르다.

이렇게 악보의 지시를 철저하게 따르면서 연주해야 하는 클래식 음악과 달리 재즈에는 그런 엄격한 규칙이 없다. 음악 평론가 강헌 씨는 재즈를 악기부터 자기 마음 내키는 대로 정해서 연주해도 되며, 심지어 똑같은 연주자가 오늘 연주한 것과 동일한 곡을 바로 그 다음 날 완전히 다르게 연주할 수도 있는 음악이라고 말한다. 이런 특성 때문에 그는 재즈를 "규칙으로부터 자유로운 음악"이라고 규정한다.● 그리고 바로 이런 점 때문에 아선생은 재즈가 미국의 정신을 담고 있는 음악이라고 생각한다. "자유의 나라" 미국의 정신을 시각화한 것이 자유의 여신상이라면, 이를 청각화한 것은 재즈 음악이

   ● 강헌 (2015) 「전복과 반전의 순간」 도서출판 돌베개

아닐까 싶다. 실제로 한국의 TV 방송에서 미국과 관련된 내용이 등장할 때면 어김없이 배경 음악으로 쓰이는 장르가 재즈다. 그래서 베니 굿맨의 〈싱싱싱〉 같은 스윙 재즈를 들으면, 우리는 자연스럽게 뉴욕의 풍경을 떠올린다.

많은 사람들이 생각하듯이 재즈는 미국 흑인의 음악이다. 그런데 재즈가 미국의 음악이라는 사실을 부정하는 사람은 없지만, 흑인의 음악이라는 사실에는 의혹을 품는 이들이 있다고 한다. 강헌 씨는 음악학자 가운데 재즈를 백인의 음악이라고 주장하는 사람들이 꽤 되는 이유를 다음과 같이 정리했다. 첫째, 재즈는 백인들이 만든 화성학이라는 음악적 틀 안에서 만들어진 장르라는 점. 둘째, 재즈의 주요 악기인 트럼펫, 색소폰, 피아노, 콘트라베이스 등을 모두 백인들이 만들었다는 점이다.

그렇지만, 백인들이 관여한 이 모든 요소에도 불구하고 재즈를 흑인의 음악으로 만드는 그 무언가가 있다고 한다. 강헌 씨는 그것이 바로 재즈 속에 흐르는 필드 홀러(Field holler: 들판에서 소리 지르기) 정신이라고 말한다. 동시에 그는 "필드 홀러"를 "흑인 노예가 하늘을 향해서 부르짖던 인간의 가장 원초적인 절망의 소리"●라고 정의한다. 아선생은 재즈가 가진 또 다른 미국적인 특성이 바로 여기에 있다고 본다. 유럽에서 철저하게 기득권 세력인 귀족들을 위한 음악이었던 클래식과는 달리, 사회에서 가장 밑바닥 삶을 살았던 노예들에 의해 탄생된 "필드 홀러". 아선생은 이야말로 현대 미국인들이 추구하는 이념과도 같은 정신이 아닐까 싶다. 아선생이 이렇게 믿는 이유는, 미국인들은 자신이 처한 사회적 위치나 지위에 관계없이 누구나 자기 목소리를 낼 수 있는 권리가 똑같이 주어졌다고 생각하기 때문이다. 미국인들이 일상생활 속에서 Freedom of speech 언론/표현의 자유라는 표현을 밥 먹듯이 사용하는 것 역시 이와 같은 선상에서 이해할 수 있는 현상일 것이다.

강헌 씨는 필드 홀러와 더불어 재즈 음악이 가지고 있는 특징으로 "공연에 등장하는 모든 악기들이 동등하다는 평등성"도 지적한다.● 클래식 음악에서 오케스트라에 등장하는 모든 악기들의 서열이 뚜렷하게 정해져 있는 것과 완전히 대조적인 개념이다. 이 또한 아선생이 재즈가 미국인들이 추구하는 가치를 담고 있다고 생각하는 이유다. 모든 것을 서열화하는 것이 당연시되는 사회에 살면서 자주 숨이 막혔던 20대의 아선

　　● 강헌 (2015) 「전복과 반전의 순간」 도서출판 돌베개

생에게, 이런 재즈의 정신은 삶을 모두 걸고 싶을 만큼 충분히 매혹적이었다. 남의 결혼식에 축하해 주러 가서까지도 신랑, 신부의 스펙에 서열을 매기고 그들의 외모에 우열을 가리는 사람들을 40대가 된 지금도 아선생은 이해할 수 없으니 말이다. 이렇게 어떤 식으로든 모든 인간에게 등수를 매기려는 사람들에게 아선생은 재즈를 들려주고 싶다.

재즈를 흑인 음악으로 만드는 것이 "필드 홀러 정신"이라고 하는 강헌 씨의 책을 읽고, 실제로 미국인들은 이를 어떻게 생각하는지 궁금해졌다. 그래서 흑인 재즈 가수인 친구 에이비스에게 물어봤다. 그런데 에이비스의 대답을 듣고 좀 놀란 것은, 에이비스가 필드 홀러를 어떤 정신이나 정서의 개념으로 이해하고 있다기보다는, 재즈에 영향을 준 일종의 음악적인 형식으로 받아들이고 있다는 점이었다. 즉, 에이비스에게 필드 홀러는 "정신"이라기보다는 흑인 노예들이 서아프리카에서 가지고 온 음악 전통이었다. 그러면서 필드 홀러와 미국 재즈가 가진 구체적인 음악적 공통점을 몇 가지 알려주었다. 첫째, 들판에서 노예들이 일을 하면서 서로 주거니 받거니 하면서 노래하던 필드 홀러 스타일이 재즈에서 그대로 재현된다는 것이다. 예를 들어, 재즈를 들으면 합주할 때 악기가 서로 주거니 받거니하는 패턴을 자주 볼 수 있다. 즉, 피아노가 한 소절 치면 거기에 화답하듯이 색소폰이 한 소절 부르는 식이다. 그렇게 악기들이 서로 주거니 받거니 하는 스타일이 필드 홀러의 형식과 매우 흡사하다고 한다. 둘째, 필드 홀러에서 악보 없이 자기 마음대로 노래 불렀던 노예들이 있었던 것처럼, 재즈에는 악보 없이 연주자 마음대로 연주하는 즉흥 연주Improvisation가 있다. 많은 재즈 전문가들은 재즈를 자유로운 음악the music of freedom으로 만드는 주요 요소가 바로 이 즉흥 연주라고 말한다. 게다가, 재즈를 듣다 보면 가끔 모든 악기가 한꺼번에 즉흥 연주를 할 때가 있는데, 그것은 마치 한꺼번에 울분을 쏟아내는 듯한 느낌을 주기도 한다. 에이비스는 이것이 노예들이 들판에서 동시에 소리 지르며 자신들의 북받치는 감정을 한꺼번에 마구 쏟아내는 것과 굉장히 비슷한 형태로 느껴진다고 했다. 물론 이는 클래식 음악에서는 결코 볼 수 없는 형태의 연주다.

필드 홀러와 현대 재즈의 형식적 공통점에 초점을 둔 에이비스의 설명이 굉장히 설득력 있고 흥미롭긴 했다. 하지만 필드 홀러를 음악적인 형식보다는 어떤 정서나 정신의 개념으로 들어가 더 깊이 알고 싶었던 아선생은 다소 아쉬운 감이 들었다. 하긴, 대학 교육까지 받은 교사 어머니 아래서 자란 에이비스가 자신이 태어나기 100년도 더 전의 흑인 노예들이 가지고 있던 정서를 온전히 이해하는 것은 무리일 것이다. 그것은 마치 한국이 막 부강해지기 시작할 때부터 성장기를 보내서 햄버거와 피자를 먹고 백화점에서 쇼핑하며 자란 세대인 아선생이 할머니 세대가 해마다 겪었다던 "보릿고개 정서"를 온전히 이해하는 데 한계가 있는 것과 마찬가지가 아닐까 싶다. 그럼에도 불구하고, 에이비스 또한 미국의 흑인 노예 역사가 재즈라는 음악 장르가 탄생하는 데 깊이 관여했다는 사실만큼은 상식처럼 받아들이고 있었다. 그 후 우연히 보게 된 재즈의 정신에 관한 어느 기사에서도 이 사실을 뒷받침하는 내용을 볼 수 있었다. 다음은 그 기사의 일부다.

Essentially, the history of slavery, oppression and of the African-American struggle led to the beautiful utterances of "Sorrow Songs" and the blues that led to jazz music. Blacks gained access to instruments and were able to take the same passion expressed in field hollers and the vocal blues tradition to another level with jazz.●

본질적으로, 노예 제도와 억압, 그리고 아프리카계 미국인들이 겪은 고난의 역사가 아름다운 "슬픈 노래"의 표현과 블루스로 이어졌는데, 이것이 재즈로까지 이어지게 됐다. 흑인들이 악기를 확보할 수 있게 되자 그들은 필드 홀러와 보컬 블루스 전통에서 보여줬던 것과 똑같은 열정으로 재즈를 한 차원 높은 음악으로 끌어올릴 수 있었다.

이렇게 대부분의 음악 전문가들은 재즈와 흑인들이 탄압받았던 미국의 역사를 떼려야 뗄 수 없는 관계로 본다. 바로 이런 이유로 많은 이들이 재즈를 미국 흑인의 음악으로 규정하는 것이다. 그럼에도 불구하고, 아선생은 재즈가 지향하는 가치만큼은 인종에 관계없이 현대 미국인들 모두가 지향하는 그것과 똑같다고 생각한다. 자유와 평등. 그리고 이것이 바로 아선생이 재즈를 사랑하는 이유이며, 20대의 아선생에게 재즈 그 자체가 아메리칸 드림이었던 이유이기도 하다.

● Jazz: Revolutionary 'music of the spirit' (https://www.workers.org/2006/us/jazz-0223/)

에필로그 :

KBS의 어느 TV 프로그램에서 유시민 작가가 노무현 전 대통령의 2000년 당시 국회의원 선거 유세가 담긴 비디오를 보여준 적이 있다. 말이 유세 현장이지, 거기에는 사람이 거의 없는 썰렁한 공터에서 멋쩍어하면서도 힘겹게 연설을 이어가며 홀로 서 있는 노무현 전 대통령의 모습이 담겨 있었다. 보는 사람조차도 어색하게 만드는 너무나도 초라한 장면이었다. 그 속에는 우리들 대부분이 기억하는 대통령으로서의 노무현은 없었다. 하지만 그 비디오를 보여준 유시민 작가는 바로 그런 모습 속에 그가 기억하는 인간 노무현이 있다고 했다. 그에게 노무현 전 대통령은 어찌 보면 구차하기까지 한 그런 일상의 남루함을 하루하루 견뎌내고 마침내 대통령의 자리에까지 올라간 사람이라고 한다.

스스로에게 주어진 남루한 일상을 하루하루 견뎌내면서 잘 꾸려 갈 수 있어야 결국 자신의 뜻을 이루는 삶을 살 수 있게 된다는 것은 비단 노무현 전 대통령에게만 해당되는 말은 아닐 것이다. 그런데 노무현 전 대통령과는 달리 매우 평범한 내 삶의 경우, 남루한 일상을 하루하루 잘 꾸려 가려고 했던 노력의 결과가 조금은 엉뚱한 각도에서 발현되는 것 같다. 미국에서 직장 동료들과 친구들과 함께 내 남루한 일상을 꾸려 가면서, 나는 미국 문화를 온 몸으로 흡수하게 되었다. 미국인 친구, 미국인 동료들과 거의 매일 식사를 함께하면서 미국인들은 같은 음식을 어떤 방식으로 먹는지 그들의 식문화와 대체적인 식습관 패턴을 자연스럽게 익히게 되었다. 미국인들과 함께 일하고 또 미국인들을 가르치고, 그들과 일상의 희로애락을 공유하는 과정에서 우리와는 조금 다른 그들의 소통 방식을 배웠다. 그렇게 나는 미국 문화를 이곳에서 내게 주어진 일상을 소화해 내면서 조금씩 체화해 갔던 것 같다. 그 나라 사람들 사이에서 공유되는 지식Shared Knowledge은 몰라도, 그들 사이에서 공유되는 믿음이나 가치Shared Views 혹은 그들이 가진 패턴Shared Patterns은 이렇게 습득해야 진짜 내 것이 된다고 나는 믿는다.

그러나 안타깝게도 한국에 살면서 영어를 공부하는 이들에게 이것은 솔직히 힘든 일일 수밖에 없을 것이다. 그러니 미국에서의 내 삶과 경험이 녹아 있는 이 글들을 읽으면서, 미국인들이 가지고 있는 공통된 관점과 행동/소통 패턴을 독자들이 간접적으로나마 경험하고 자신의 것으로 만들어 갈 수 있기를 바란다.

비록 커다란 성공을 이룬 사람은 아니지만, 그럼에도 불구하고 내 남루한 일상 속에서 체화하고 습득한 미국 문화가 한국에서 영어를 공부하는 독자들에게도 조금이나마 도움이 되었기를 소망한다.

햇살이 아름다운 플로리다에서

저자 김아영